LES FASTES DE L'ÉGLISE

L. LE LEU

LA VOIE
mystérieuse

H. & L. CASTERMAN
ÉDITEURS

LA

VOIE MYSTÉRIEUSE

N° 8 des Fastes de l'Eglise

LOUIS LE LEU

LES FASTES DE L'ÉGLISE

VOLUMES PARUS

1. *La Promesse accomplie.*
2. *Rédemption.*
3. *L'Enfant du Tonnerre.*
4. *Le Glaive et les Clefs.*
5. *La Semence sanglante.*
6. *Les Pieds maudits.*
7. *L'Ange du Feu.*
8. *La Voie mystérieuse.*
9. *Les Défenseurs du Christ.*
10. *Récits d'un siècle.*
11. *Le Triomphe de la Croix.*
12. *L'Agonie d'un monde.*

Un homme de haute stature, au profil sévère,
rasé de près et aux cheveux courts, traversa le *salve*. (P. 21.)

LA VOIE

MYSTÉRIEUSE

PAR

L. Le Leu

H. & L. CASTERMAN

ÉDITEURS PONTIFICAUX

Paris, Rue Bonaparte, 66 — Tournai (Belgique)

SOMMAIRE HISTORIQUE DU VOLUME.

La discipline du secret dans l'Eglise. — Saint Denys l'Aréopagite, premier
Docteur, jette les bases théologiques de la foi chrétienne. — Trajan, empereur.
Ses conquêtes sur les Daces. — Troisième persécution. — Les hérétiques Osséniens, Héracliens et Docètes confondus. — Unité de l'Eglise catholique sous la
juridiction de Rome. — Sa vérité, son infaillibilité. — Les œuvres, complément
nécessaire de la Foi. — Saint Clément I, saint Anaclet, saint Evariste, papes. —
Martyre de saint Ignace d'Antioche. — Les conquêtes de Trajan s'en vont en fumée
au vent des révoltes. — Mort de Trajan et avènement d'Hadrien à l'empire. — De
l'an 100 à l'an 116.

IMPRIMATUR

Tornaci, die 5ª Julius 1899.

J. HUBERLAND, can. cens. lib.

A

MA SŒUR LE LEU

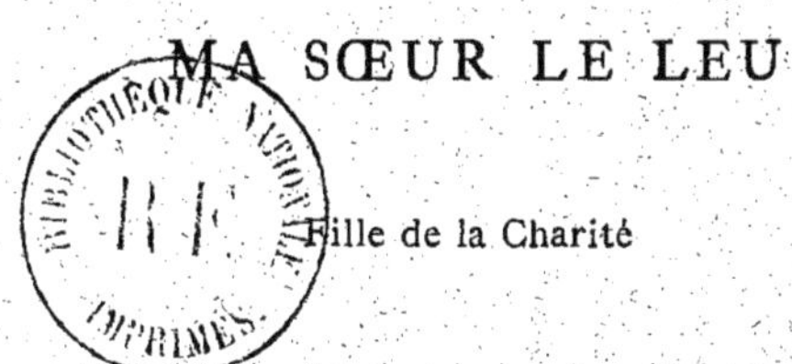

Fille de la Charité

En Mémoire d'une Sainte.

INTRODUCTION

Avec ce huitième volume, nous laissons, à regret, derrière nous, ce siècle primitif et à jamais béni pendant toute la durée duquel l'Eglise chrétienne, en s'éveillant à la lutte, a senti autour de son berceau le souffle de Jésus-Christ, encore vivant selon la chair, en quelque sorte, dans la personne des saints Apôtres.

Mais, le dernier d'entre eux vient de quitter la terre, après avoir exhalé de ses lèvres, brûlantes des ardeurs du Saint-Esprit, cet admirable chant du Cygne, l'Evangile, par excellence, du Verbe-Fait-Chair et l'Apocalypse du Seigneur.

Maintenant, l'Eglise de Jésus-Christ s'avance, plus que jamais, à travers les flammes des passions adverses d'un monde agonisant que l'Evangile doit désagréger et renouveler pour la gloire éternelle de Dieu et le salut des âmes.

Les apôtres ont laissé un héritage qu'il va falloir garder intégralement et faire fructifier.

Cet héritage c'est la foi nécessaire et inébranlable à l'Unité.

Dieu Un.

Eglise une.

Toute la richesse apostolique est contenue dans ce trésor :

Dieu en trois Personnes qui rendent témoignage au Ciel : Le Père, le Verbe et l'Esprit-Saint. Et ces trois sont une seule chose.[1] Un seul Dieu, un seul Seigneur : Jésus-Christ, par qui tout a été fait et tout a été restauré. Il a créé les siècles et les cieux, son trône est éternel.

Saint Paul[2] l'a dit avant saint Jean et David avant saint Paul.[3]

Ce Verbe-Dieu s'est fait chair, a demeuré parmi nous, est mort pour nous, est ressuscité pour nous ressusciter avec Lui, est monté au Ciel pour nous y préparer la place, en viendra de nouveau pour juger les vivants et les morts et consommer toutes choses; tous les apôtres l'ont affirmé et les apôtres l'avaient appris de Jésus-Christ Lui-même.

Une Eglise, Un troupeau, Un seul pasteur.

Une Eglise constituée par Celui-là même qui a construit l'univers; une Eglise bâtie sur cette Pierre-Angulaire contre laquelle les portes de l'enfer ne sauraient prévaloir.

Un troupeau formé par tous ceux qui, par la Grâce, sont nés de Dieu et à Jésus-Christ, le Verbe divin.

Un pasteur, Jésus-Christ représenté par Pierre qui vit dans ses successeurs, et en qui Jésus-Christ fait resplendir son infaillible Lumière et sa divine autorité.

« Tu es Pierre et sur cette pierre je bâtirai mon Eglise. »

« Pais mes agneaux, pais mes brebis. »

« Confirme tes frères dans la Foi. »

Et Pierre promulgue l'Evangile et montre l'Eglise à

(1) I Jean, ɣ. 7.
(2) S. Paul. Ep. aux Hébreux, ɪ.
(3) Psaumes 44, ɣ 7 et 101 ɣ. 26.

toutes les nations assemblées; il y reçoit les Juifs et les gentils; il décide au premier concile; il s'en va dans la nouvelle Babylone établir la chaire du Verbe sur la corruption de Rome et inaugurer pour la régence de l'univers entier, l'inébranlable dynastie du Christ.

Sous la houlette de Pierre, les apôtres prêchent; ils vont jeter la semence de la Foi jusque dans les champs les plus reculés du monde connu et y fonder des églises.

Ils se choisissent des coadjuteurs et des successeurs, auxquels ils confèrent le Saint-Esprit par l'imposition des mains, ainsi que le pouvoir d'en ordonner d'autres, après s'être assurés de leur valeur spirituelle et de la connaissance complète de leurs devoirs et de leurs droits vis-à-vis des autres membres de l'Eglise.

Ainsi, la chaîne des pouvoirs et de leurs transmissions apparaît constituée, divine, hiérarchique et régulière.

La discipline se fonde et s'affermit dans l'Eglise. Bientôt, l'Eglise comprendra l'utilité spirituelle d'un culte et d'une liturgie basés sur la révélation des correspondances divines entre le ciel et la terre et la vision de Jean va en suggérer les mystères.

C'est en un jour de dimanche que saint Jean voit au ciel l'auguste assemblée à laquelle préside un pontife vénérable assis sur un trône et environné de vingt-quatre vieillards. Ce sont des vêtements sacrés, des robes sacerdotales, des instruments de culte, un autel, un luminaire, des encensoirs, un livre sept fois scellé. Ce sont des hymnes, des cantiques; c'est le jaillissement d'une source éternelle qui distribue la vie.

Devant le trône et au milieu des vieillards, un agneau immolé reçoit les honneurs divins.

Et sous l'autel, des martyrs demandent que leur sang soit vengé, et on leur répond d'attendre que leur nombre soit parfait; cependant que les anges offrent à Dieu l'encens, emblème de la prière et des œuvres des saints.

On ne sait,[1] en un mot, si l'apôtre saint Jean nous fait voir les cérémonies saintes ou transportées au ciel ou transportées du ciel.

Or, il est utile de se persuader d'une chose trop méconnue et dont les jeunes intelligences ne sauraient trop se pénétrer.

On a coutume de s'imaginer l'antiquité comme une époque d'ignorance et l'on se représente volontiers les anciens comme de grands enfants possédant à peine les premiers et les plus rudimentaires éléments des connaissances dont s'enorgueillit notre intellectualité contemporaine.

Rien n'est plus contraire à la vérité, rien n'est plus faux.

Sans doute, nous avons porté à leur apogée (en apparence, du moins) les sciences physiques appliquées, auxquelles les anciens ne s'adonnaient pas avec notre ardeur qui ne vient pas seulement de la passion de savoir, mais aussi du besoin de confortable, du désir de créer la richesse par l'industrie qui réalise, dans ce domaine, des merveilles.

Mais la Philosophie, mais l'Histoire, mais la Théologie brillaient, aux premiers siècles de notre ère, d'un incomparable éclat.

Ce n'était pas au milieu d'une époque d'ignorance et de barbarie, à beaucoup près, que germait le grain de sénevé de l'Evangile.

Eclatant, au contraire, était le milieu intellectuel dans lequel l'Evangile faisait son apparition.

---

(1) Rohrbacher. *Histoire universelle de l'Eglise catholique.*

Partout, la méthode idéale, la synthèse, était en honneur cherchant à unifier les connaissances théologiques, historiques et philosophiques.

Philon le Juif, contemporain de saint Denys l'Aréopagite, disciple de saint Paul alors qu'il prêchait à Athènes, appliquait cette méthode à l'étude de la doctrine des Juifs et de leur histoire sacrée, demandant des lumières à un vaste procédé philosophique qui englobait Moïse et Platon, la sagesse de la Grèce et l'inspiration des prophètes.

Plutarque écrivait, alors, une encyclopédie de l'histoire et Sénèque enseignait une philosophie encyclopédique.

C'était là cette *plénitude des temps* dont parlait le grand saint Paul, et qui se révélait par un désir et des efforts de concentration intellectuelle vers l'unité dans toutes les branches des connaissances humaines, pendant que, de son côté, la politique romaine, concentrait, elle aussi, toutes les énergies sociales sous la verge de fer de son inflexible absolutisme.

Ce serait donc une erreur de croire que la prodigieuse diffusion de l'Evangile fut dûe exclusivement à l'ignorance de douze pauvres pêcheurs répandant leurs œuvres et leur parole au milieu de ce monde païen philosophe et savant prêt à battre en brèche, sans merci, avec le bélier des controverses toute conception nouvelle dont les bases n'eussent pas été solides.

Aussi, la première préoccupation des plus illustres membres de l'Eglise naissante fût-elle, non d'engager des polémiques mais d'établir ces bases de la vérité nouvelle, laissant aux esprits d'élite le soin de les découvrir, d'en admirer la solidité et la grandeur et de travailler de toutes leurs forces à élever l'édifice théologique de la Foi.

« Je n'ai jamais disputé contre les erreurs, dit saint Denys l'Aréopagite,[1] parce que je suis persuadé qu'il suffit aux hommes de connaître la vérité et de l'exposer directement et telle qu'elle est. Dès qu'on l'aura légitimement démontrée et clairement établie en tout, il sera, par là même, prouvé que tout ce qui n'est pas elle, tout ce qui en porte frauduleusement la ressemblance, n'est effectivement pas elle, ne lui ressemble pas et que c'est plutôt une apparence qu'une réalité. On s'épuiserait donc en vain à réfuter tantôt ceux-ci tantôt ceux-là. Voici, par exemple, un homme qui prétend me présenter une monnaie authentique et qui est fausse mais bien imitée. Je suppose que vous le lui démontrez, une foule d'autres pourront encore venir discuter avec vous sur le même objet. Au contraire, si on établit une assertion de sorte qu'elle puisse braver les attaques des adversaires, alors, ce qui lui est absolument opposé tombera de soi-même devant l'immuable persistance de la vérité prouvée. »

Disciple de l'école philosophique d'Athènes, saint Denys était un de ces célèbres juges de l'aréopage devant lequel saint Paul avait annoncé le « Dieu Inconnu » auquel les athéniens, dans la crainte d'oublier un seul dieu dans leurs hommages, avaient élevé un autel.[2]

Il en fut le premier évêque.

Il allait, bientôt, être un des plus radieux flambeaux de

(1) Saint Denys l'Aréopagite (œuvres traduites et commentées par Mgr Darboy). Ep. VII à saint Polycarpe.

(2) Peu d'œuvres ont été plus contestées que celles de cet admirable Docteur. Mais l'illustre archevêque martyr a, on peut le dire, tranché magistralement et sans appel la question de leur authenticité en faveur de laquelle, militent, d'ailleurs, des preuves transcendantes qu'il est inutile d'exposer ici.

l'Eglise, une de ses gloires théologiques les plus pures, et révéler son puissant génie dans un ensemble d'ouvrages que l'on peut admirer sans réserves et que l'œuvre future et gigantesque de saint Thomas d'Aquin, le docteur angélique, complétée par celle de saint Bonaventure, le Docteur séraphique, surpasseraient en étendue mais ne dépasseraient pas en inspiration et en portée.

Le disciple de Platon, converti par saint Paul, avait tellement bien compris l'excellence de la révélation chrétienne sur toutes les philosophies humaines, qu'il l'appelle de son vrai nom : la *Théologie,* c'est-à-dire : l'expression même de la science de Dieu, et, quand il écrit une lettre (qui est parvenue jusqu'à nous) à l'illustre exilé de Patmos, il l'adresse ainsi : « A Jean, Théologue, Apôtre, Evangéliste. »

L'œuvre de saint Denys avait surtout pour but de ruiner les effets désastreux des hérésies de Simon le magicien, en leur opposant la pure doctrine des Ecritures et la tradition sacerdotale des apôtres.

Comme une éclatante lumière, elle brille sur les origines de l'Eglise chrétienne, en montre la profonde, savante et traditionnelle théologie, en fait connaître les admirables sacrements, éclaire les principes de sa hiérarchie et oblige tout homme éclairé et de bonne foi à s'incliner devant son incontestable caractère de catholicité.[1]

L'auteur veut, par ce livre, mettre en garde contre cette erreur impie qui range la Foi au nombre des opinions philo-

(1) Saint Denys l'Aréopagite a écrit les ouvrages suivants :

De la Hiérarchie céleste. — *De la Hiérarchie ecclésiastique.* — *Livre des Noms divins.* — *Traité de la théologie mystique* et *dix lettres* adressées à différents personnages de son temps. Ces ouvrages ont été traduits et commentés par Mgr Darboy, archevêque de Paris et martyr. Trois autres ouvrages

sophiques, et montrer que la Foi est un don de Dieu, une illumination réelle de l'âme par la grâce divine; qu'on n'a pas la
Foi parce qu'on est savant, mais parce qu'on est saint; que
le développement intellectuel ne suffit pas, comme le dit saint
Bonaventure le Docteur séraphique, pour nous donner la
connaissance du vrai, mais que cette connaissance ne peut
s'acquérir qu'en établissant la pureté dans notre cœur et en
nous rapprochant le plus possible des véritables conditions
qui unissaient l'homme à Dieu avant la chute.

Nous voulons faire comprendre cette importante vérité
que les chrétiens qui donnaient leur sang avec joie, aux
premiers siècles de l'Eglise pour le triomphe de l'Idée chrétienne, la Gloire de Jésus-Christ et la constitution de son
Eglise terrestre et céleste, n'étaient pas des fanatiques ni des
exaltés, mais des initiés, par la Grâce, à une certaine intelligence des choses divines, qui, en se développant en eux, à
mesure qu'ils avançaient dans la sainteté par le renoncement
et l'exercice des œuvres de la Foi, les illuminait de telle sorte
que le monde, quelque joie qu'il pût leur offrir, n'était plus,
à leurs yeux, qu'un ténébreux royaume d'infirmités, de
misère et de larmes duquel ils avaient hâte de sortir pour
aller s'enivrer à jamais de l'éblouissante et incorruptible
splendeur du Christ glorieux et triomphant.

de saint Denis traitant de la *Théologie symbolique*, de l'*Ame* et *des choses intelligibles et des choses sensibles*, ne sont pas, malheureusement, parvenus jusqu'à nous.

LA VOIE
MYSTÉRIEUSE

PREMIÈRE PARTIE

INITIATION

« Aures habent et non audient.[1] »

I

LA VILLA METELLA.

Le soleil, à son midi, versait ses ardents rayons sur la
ville de Rome presque vide de ses habitants, tous retirés au
plus profond de leurs maisons pour goûter les douceurs de
la sieste.

Dans la villa de Metellus, le silence régnait.

Le sombre cerbère éthiopien qui gardait la porte, somno-
lait dans sa loge devant la mosaïque du *salve*, les esclaves
velarii bâillaient devant les tentures de pourpre des portes
closes, enviant, — car nul n'est content de son sort, — leurs
compagnons qui travaillaient à la ferme, dans la campagne
de Tibur, ou ceux qui s'occupaient dans la fraîcheur des
celliers, à vérifier les amphores ou à décanter les vins précieux qui devaient se répandre en flots de topaze ou de rubis

_____

(1) Ils ont des oreilles et n'entendent pas ! (Ps. 113.)

dans les coupes d'argent ciselé, sur la table du maître, à l'heure harmonieuse et fleurie des festins joyeux.

La somptueuse villa de Cœcilius Metellus étalait ses marbres et ses jardins ornés de colonnades de porphyre, de statues et de fontaines; sur les flancs verdoyants du Pincius non loin des jardins superbes de Lucullus et de Salluste.

Metellus était de famille consulaire et illustre à divers titres. Lucius Metellus, un des ancêtres était tribun du peuple lorsque César se rendit maître de Rome.

Plus courageux que les autres magistrats qui se soumettaient en silence comme des esclaves habitués, depuis longtemps, au joug de la servitude, il osa s'opposer à César qui voulait se saisir du trésor que l'on conservait dans le temple de Saturne, et, gardien des clefs, il les refusa énergiquement au dictateur.

César ordonna qu'on enfonçât les portes.

Mais le fier et hardi Metellus invoqua les lois et renouvela son opposition.

César, devant cet outrage proféra contre lui des menaces de mort en disant :

— Jeune homme, tu n'ignores pas qu'il me serait plus facile de te tuer que de t'en menacer!

Le tribun, alors, devant la force, ne résista plus, considérant que son devoir était accompli.

Metellus Celer, un autre ancêtre, consul romain en l'an 58 (avant Jésus-Christ) fut préteur l'année du consulat de Cicéron. Il rendit des services importants à la République en s'opposant aux troupes de Catilina qui voulaient entrer dans la Gaule Cisalpine, province qu'il gouverna après sa préture, et l'illustre Cicéron avait été son ami.

Cestius Metellus était, lui aussi, préteur; il avait un fils, Quintus Metellus, et son ambition était de le voir lui succéder, dans sa charge, dont il se fut démis volontiers en sa faveur, son âge l'invitant lui même au repos.

Saint Clément laisse à Anaclet le gouvernement de l'Eglise,
pour aller à Chersonèse, lieu de son exil, y recevoir le martyre
par ordre de Trajan. (P. 44.)

Les clepsydres et le cadran solaire marquaient la sixième
heure lorsqu'un homme de haute stature, au profil sévère,
rasé de près et aux cheveux courts, traversa le *salve*, non
sans avoir jeté un coup d'œil à la loge du portier et souri en
entendant le ronflement sonore du cerbère au visage bronzé.

— Maison bien gardée! dit-il, en souriant, le chien n'est
pas terrible.[1] Le chien, il est vrai, ne saurait mordre le
précepteur, pour les lettres grecques, du noble Quintus
Metellus, fils du redoutable Cœcilius Metellus aux illustres
aïeux. Paix donc à cette maison et à ceux qui l'habitent, s'il
plaît à Notre-Seigneur Jésus-Christ!

Ce disant, et tout en épongeant son front avec son *suda-
rium*, le visiteur traversa l'atrium aux marbres polis où se
reflétait son image.

Les lieux lui étaient familiers, car il n'admira ni la superbe
colonnade qui l'entourait, ni l'immense bassin en marbre de
Paros placé au centre, alimenté par une gerbe d'eau qui retom-
bait en gouttelettes de diamant irisées de toutes les nuances
du prisme, sous les rayons du soleil qui l'incendiaient de
leur gloire méridienne, par l'ouverture vaste de l'*impluvium*.

Il ne regarda pas davantage les fleurs rares qui ornaient
les corbeilles, mais il jeta un regard tranchant comme l'acier
sur les statues de dieux et de déesses qui occupaient les
entre colonnades ainsi que sur les peintures mythologiques
ou légères qui décoraient les murs.

Un des esclaves *velarii* qui l'avait vu entrer, souleva
une des tentures, en silence, et il pénétra dans le vaste péristyle qui donnait accès aux jardins dont l'opulente verdure,
offrait aux yeux un tableau de fraîcheur et de paix, contrasté
avec l'embrasement du ciel et l'éblouissante et fatigante

---

(1) Allusion à l'inscription « Cave Canem » qui signifiait : Prends garde au chien
et était gravée souvent sur les mosaïques de l'atrium des demeures romaines, c'était
à peu près notre : « Parlez au concierge. »

luminosité des marbres que le regard devinait brûlants.

Des oiseaux chantaient dans le feuillage, alliant l'harmonie de leur gosier au susurrement des fontaines et le parfum des fleurs que pas une brise n'inclinait, planait dans l'air chaud comme un souffle d'oliban sur un encensoir ardent.

Le visiteur traversa le péristyle dans toute sa longueur, s'arrêta un instant, en haut des degrés, l'esprit comme absorbé par une pensée profonde, puis, il descendit l'escalier de marbre et se trouva bientôt dans une allée couverte, sous un dôme de verdure touffue qui projetait par terre une ombre douce en tapis aux dentelures innombrables çà et là interrompues par des taches lumineuses de soleil.

Au craquement de ses sandales sur le fin gravier des allées soigneusement entretenues et sablées, un jeune homme qui semblait méditer, assis sur un banc de marbre dans une salle de verdure circulaire, leva la tête et prêta l'oreille.

— Voici Philothée, dit-il, exact comme un cadran solaire.

Il se leva, secouant sa robe légèrement poudreuse pour avoir effleuré le sable fin et sec et apparut grand, bien pris dans toute sa taille, noble dans son attitude et son profil droit, illuminé par des yeux francs et clairs.

— *Salve*, dit-il, je t'attendais, Philothée. Phébus ne ménage pas notre crâne, quelle chaleur!

— *Salve*, Cœcilius, dit le grec, le soleil, en effet, est chaud aujourd'hui, mais tu possèdes de délicieux ombrages sous lesquels on est à l'abri de ses flèches insidieuses.

— Et brutales! mauvais temps pour faire le métier de préteur dans les basiliques et juger; mon père doit en savoir quelque chose, car il me semble qu'il en prend à cœur joie depuis les nouveaux édits.

— Les martyrs[1] ont encore plus chaud que les juges, dit Philothée d'un ton grave.

(1) Du grec Μάρτυρ, témoin; en latin *testis*.

— Tu m'as dit, je crois, que ce mot nouveau, venait du grec, Philothée. Nous l'ignorons et il semble qu'il n'ait pas du tout pénétré dans notre langue qui ne le comprend pas. Quelle est donc, au juste, sa signification?

— *Testis*, dit Philothée, d'un ton bref. Voilà sa signification. Il veut dire « témoin. » Il n'est pas applicable à quiconque subit un jugement et des supplices pour une raison quelconque. Pour être un martyr, il faut souffrir pour la cause unique, celle de la Vérité. Ceux-là seuls qui sont prêts à verser leur sang et à donner leur vie pour affirmer qu'ils croient à la vérité, et qu'il faut y croire au point de tout sacrifier, jusqu'à sa propre vie, pour elle, ont droit d'être nommés ainsi. Ce mot ne signifie donc pas, victime, supplicié, mais uniquement témoin. Il n'implique pas une idée de douleur.

— Et, cependant, ceux que tu désignes ainsi ont souffert et souffrent toutes les douleurs et le monde les appelle des insensés!

— Qu'importe le monde. Ils n'y pensent que pour le sauver du gouffre de sa perdition; ils sont heureux et joyeux.

— Quoi! Philothée, tu dis cela avec tant de calme et d'assurance que tu m'incites à te poser une question.

— Pose-là, Cœcilius.

— Tu n'envies pas leur sort, j'imagine?

— Je les admire, je les vénère et, ce que tu appelles improprement leur sort, je le subirais avec joie si j'étais appelé à le partager.

— Plaise aux dieux....

Philothée mit un doigt sur sa bouche.

— Nous sommes convenus, dit-il, de ne pas parler des fantômes.

— C'est vrai, dit Cœcilius.

Et, laissant échapper un soupir, le jeune homme ajouta, les yeux fixés dans le vide :

— Tu m'as promis, aussi, de me révéler de grands mys-

tères auprès desquels, les secrets de la langue d'Homère ne
sont, m'as-tu dit, qu'une éphémère et futile harmonie. Tu
m'affirmes que notre temps est un temps solennel, qu'un
monde est en train de sombrer et qu'un autre monde surgit
qui va le remplacer et, comme la lave d'un volcan, l'engloutir,
le brûler, le détruire, ensevelir ses ruines et niveler ses
institutions comme une plaine dont la surface fertile produira
de splendides moissons dont la graine, obscure encore,
germe dans ses sillons. Certes, je suis avide de savoir car je
sais que les galiléens que l'on traque et immole comme
traîtres à l'empire et blasphémateurs de la religion romaine,
sont précisément ceux que tu appelles des témoins, des martyrs, des ouvriers glorieux de la renaissance dont tu crois
contempler l'aurore. Mais, tu m'as dit une chose plus grave et
tu m'as étonné, je l'avoue, lorsque tu m'as affirmé que tout ce
qui se dit d'eux dans Rome est un tissu d'impostures, d'ignorance et de calomnies et que, parmi eux, il y a des hommes
qui sont versés dans une science plus grande que l'univers
et qu'un cerveau d'homme ne saurait concevoir ni contenir.

— C'est vrai, dit Philothée.

— Mais, dis-moi, n'y a-t-il pas là une exagération manifeste de ta part?

— Non.

— J'ai bien entendu dire, à demi mot, que ce que nous
lisons d'admirable dans nos grands philosophes, ce qu'ils ont
exprimé de sublime, dans des lignes harmonieuses, n'est
que l'ombre de ce qu'ils savent, et même, plusieurs d'entre
eux l'ont dit, de ce qu'ils ne peuvent dire ni exprimer. Or,
j'ai entendu dire, aussi, que cette science avait été puisée
par eux à des sources secrètes et sacrées qui jailliraient au
fond des mystérieux sanctuaires de l'Egypte et de l'Inde.
N'est-ce pas là le cas de Plutarque, d'Apollonius, de Platon,
de Pythagore, de Socrate, de tant d'autres qui ont brillé ou
brillent d'un vif éclat sur les lettres et la philosophie et ont

étonné leurs disciples par la grandeur de leur génie? Est-ce
à cette même source qu'ont puisé ceux dont tu parles et que
tu salues du titre de martyrs et de rénovateurs? Alors,
pourquoi ne parlent-ils point? Pourquoi, au lieu de souffrir
en silence, ne ferment-ils pas la bouche aux calomnies dont
on les charge? Ne leur serait-il pas facile d'être des grands
hommes comme Socrate au lieu de finir comme des esclaves
et des gladiateurs?

— Eh! Cœcilius, dit Philothée, avec un sourire, Socrate
a bu la cigüe et ce sont ceux-là même qui lui devaient le plus
qui lui ont versé le poison juridique. Et, cependant, la
sagesse de Socrate les éclairait de tout son rayonnement!
Sagesse inutile!... Un oracle vénérable dont tu ne connais
pas le nom, a dit avec vérité :

« Ils ont une bouche et ne parlent pas; ils ont des yeux
et ne voient pas; ils ont des oreilles et n'entendent pas; ils
ont des narines et ne sentent pas; ils ont des mains et ne
touchent pas; ils ont des pieds et ne marchent pas; ils ont
une voix et ne se font pas entendre.

Et il a ajouté : Qu'ils deviennent semblables à elles ceux
qui font ces œuvres et se confient en elles.

Cœcilius garda un instant le silence, puis, secouant gravement la tête :

— Le sphinx proposa-t-il jamais à aucun Œdipe plus
dure énigme que celle-ci, Philothée?

— Œdipe, dit le grec, ne l'eût pas résolue, malgré toute
sa perspicacité.

— Qui donc peut la résoudre?

— Les martyrs, dit gravement Philothée, le mot de
l'énigme est dans leur témoignage intrépide. La vérité,
Cœcilius, veut être aimée pour elle-même; jalouse, elle ne
se donne qu'à celui qui lui appartient entièrement, et, pour
appartenir à la vérité, il est de toute nécessité de briser tous
les liens qui rattachent à l'erreur.

— Qu'est-ce donc que l'erreur, Philothée?

— Rien! dit le grec, c'est le vide qui constitue le gouffre.

— Tu m'as dit que les dieux étaient des erreurs; cependant, ils sont quelque chose puisque nous les voyons, nous les touchons, nous en parlons....

— Concluons donc, Cœcilius, que l'erreur est une apparence, et voilà pourquoi elle tombe sous nos sens qui la prennent pour une vérité parce qu'ils en perçoivent les fallacieux contours. Un soleil ardent brille, en ce moment, au-dessus de notre tête et sa lumière baigne la terre, et, par son influence positive, nous pouvons nous rendre compte de ce qui nous entoure et guider sûrement notre marche; mais, si un vaste écran opaque était, tout à coup, tendu entre nous et le soleil, alors, apparaîtrait la négation de la lumière, l'ombre qui deviendrait, pour nous, une réalité, réalité trompeuse et fausse, pleine de cauchemars et de fantômes. Nos erreurs, Cœcilius, viennent de ce que notre nature est trop grossière pour être pénétrée par la vérité absolue, qui, en passant par nos sens matériels, s'obscurcit à nos yeux au point de nous empêcher de saisir les rapports harmonieux qui existent entre tout ce qui nous entoure et nous-mêmes et cette vérité absolue.

— De sorte que nous marchons tous dans l'erreur, à moins que nous ne nous trouvions exceptionnellement éclairés?

— Oui, Cœcilius, voilà pourquoi le Dieu dont je t'ai déjà parlé, a, dans sa bonté paternelle et féconde, pris soin de nous envoyer sa lumière afin de faire tomber de nos yeux, ces écailles qui les obstruent comme un écran opaque et de retirer ainsi de l'ombre ceux qui sont capables de regarder le soleil sans en être aveuglés. Cependant, tous ne peuvent fixer le soleil; voilà pourquoi on ne peut dévoiler la vérité à tous; voilà pourquoi ceux qui ont perçu la vérité, n'en peuvent, souvent, raconter les splendeurs et passent pour des insensés lorsqu'ils lui rendent témoignage, sans discours.

— Tu m'as promis, cependant, de m'éclairer.

— Oui, Cœcilius, et voici le sens de ma promesse.

— Parle.

— Suppose qu'un voyageur se mette en chemin pour visiter une ville éloignée, magnifique, où la joie, la paix et l'abondance règnent sans revers, mais dont il ignore complètement la situation géographique. Comment fera-t-il? Il cherchera d'abord quelqu'un qui connaisse cette cité. Mais de quoi lui serviraient des descriptions enthousiastes? Ce qu'il lui faut c'est la possession de la félicité même qui forme l'atmosphère de cette ville. Celui donc qui en connaîtra le chemin, lui indiquera la route et il partira muni de ces indications. Mais la route est longue, d'autres routes la coupent en tout sens, autant d'illusions qu'il lui faudra écarter s'il veut arriver au but. Il rencontrera aussi, sur son chemin, de mauvais passants qui s'efforceront de l'en détourner, soit par ignorance ou dans des intentions coupables, enfin, il rencontrera d'autres villes qui ne seront pas celle qu'il espère atteindre; s'il s'y arrête et s'y trouve heureux, il n'aura pas atteint le but de son voyage, mais, peut-être, n'en saura-t-il rien, si son bonheur est honnête et comble son désir, tandis que d'autres plus intrépides ou plus éclairés atteindront le but suprême auquel il n'aura pas su parvenir. Ainsi en est-il de ceux auxquels on ouvre la voie de la vérité. Les uns sont plus aptes que les autres à en ressentir l'attraction et il y a des degrés dans la récompense de leurs efforts, car on ne peut demander à celui à qui on a prêté un sesterce de rendre un talent, en bonne justice, ce qui serait une exigence usuraire. Celui donc qui cherche la vérité pour elle-même, est comblé par la vérité d'autant de lumière qu'il peut en supporter, s'il lui en arrivait davantage, il serait aveuglé et il en souffrirait.

— Je comprends cela très bien.

— Tu me parlais, tout à l'heure, des philosophes, et des sages; oui, ils se sont instruits à des sources élevées et s'ils ne répandent qu'une eau moins pure que celle à laquelle ils ont puisé c'est parce qu'ils savent que ceux qui les écoutent ne sauraient s'abreuver de cette première eau sans l'accuser d'être trouble et, qu'au contraire, l'eau moins pure qu'ils leur versent les désaltère plus sûrement. Encore en est-il qui ne trouvent pas à y étancher leur soif à laquelle il faut de l'eau boueuse comme celle des marais Pontins. Mais, sache-le bien, Cœcilius, ces philosophes, eux-mêmes, que tu admires pour leur science et leur sagesse n'ont pas puisé à la vraie source de la science et de la sagesse. Eux aussi, n'ont vu qu'une des faces de la vérité; comme notre voyageur en quête d'une ville merveilleuse, ils l'ont confondue avec d'autres villes de la route et ils s'y sont reposés ignorant qu'ils n'étaient point arrivés au but.

— Et, pourtant, ils se recommandent de la confidence même des dieux! que leur a-t-il donc manqué?

— De savoir que les dieux étaient des fantômes vains créés par le délire des hommes. Ils ont cru à la parole des dieux et ils n'ont pas écouté la parole de Dieu. Car, de même qu'il n'y a qu'une vérité unique, il n'y a qu'une source à cette vérité et c'est le Dieu unique et véritable en dehors de l'influence directe duquel tout n'est qu'erreur, mensonge et ténèbres. Dis-moi, Cœcilius, si un roi puissant rencontrait un esclave et lui disait : Ecoute, c'est une erreur qui a forgé tes chaînes et t'a marqué de misère et d'abjection ; mais, si tu le veux, tu seras roi, comme moi-même; il te suffira, pour cela, de croire que tu es mon fils que l'on m'a volé dans sa jeunesse pour le jeter dans les fers; il te suffira de m'aimer comme je t'aime, moi-même, de n'avoir d'autre volonté que la mienne, d'autre désir que ma gloire, d'autre aspiration que de venir t'asseoir à ma table et partager mon trône. Mais, comme tu es esclave, il te faudra, si tu veux venir à moi et reconquérir ta dignité d'homme libre, souffrir qu'un maître qui se croit des droits sur toi, te châtie au point de croire t'avoir ôté la vie, moyennant quoi tu vivras, désormais, dans la liberté que je t'aurai donnée. Cet esclave ne serait-il pas insensé de préférer un perpétuel esclavage à une liberté opulente achetée par une heure d'épreuves? Combien donc est plus insensé celui à qui la vérité offre la coupe divine de son breuvage éternel et qui la repousse de ses lèvres! Et si cet esclave, au lieu d'avoir eu le bonheur d'entendre la voix même du roi, son père, avait seulement entendu un autre maître lui dire : Je vois que tu fais ici de durs travaux, tu tournes la meule pour faire l'huile qui doit éclairer ton maître et moudre la farine qui doit faire son pain, je vais t'acheter, et, chez moi, tu laboureras mes champs. Cet esclave n'aurait-il pas changé son esclavage pour un autre esclavage en acceptant cette offre? Ceux-là donc qui ont crû à la parole des dieux n'ont pas entendu celle de Dieu, leur liberté et leur vérité ne sont qu'une fausse liberté et une trompeuse vérité. Ils ont reçu, il est vrai, des étincelles de la lumière mais ils n'ont pas enflammé leur génie au véritable foyer divin.

— Et ce foyer divin, tu le connais, Philothée? demanda anxieusement Cœcilius, et, pour le connaître comme toi, il suffit de se faire initier à vos mystères?

— Oui; mais, si le réel amour de la vérité n'anime pas ton cœur, c'est en vain que tu recevrais l'initiation à nos mystères sacrés, comme je te l'ai déjà fait suffisamment entendre.

— Je comprends, de redoutables épreuves, attendent, sans doute, le néophyte à la porte de vos secrets sanctuaires, comme cela se fait dans les temples de l'Egypte,[1] dont celui

---

(1) Il a été parlé de ces initiations dans le premier volume : *La Promesse accomplie.*

qui y est une fois entré, ne peut sortir que triomphant, tandis
que ces temples l'ensevelissent vivant s'il a manqué de courage ou de fermeté.

Philothée secoua la tête.

— Erreur, Cœcilius, dit-il doucement, l'initiation à nos
divins mystères n'a rien de commun avec les initiations dont
tu parles, sauf le nom. Sans doute, nous veillons à ce que
nul indigne ne soit admis à la participation mystique, mais
l'indignité même est prévue et c'est à Dieu seul qu'il appartient de la juger. Crois-tu que nous ne comptons parmi nous
que de glorieux martyrs? Tu te tromperais. Il est des hommes
qui ont demandé et reçu les mystères sans en être dignes.
Or, leur premier châtiment a été de ne rien comprendre aux
mystères et d'être déçus dans leur curiosité; leur deuxième
châtiment a été de renier avec lâcheté, à la première alerte,
la foi qu'ils avaient embrassée à la légère. C'est ainsi que
des hommes que l'on eut pu croire d'un caractère trempé et
d'une force éprouvée ont tremblé devant un préteur alors que
de faibles femmes, de tendres jeunes filles, des enfants même
s'offraient, avec joie, aux supplices les plus atroces et
témoignaient hautement de leur bonheur de souffrir pour
leur foi. Or, voilà, précisément, ce que les dieux, ces puissances de l'imposture, ne peuvent montrer : Des martyrs!
La religion fausse des idoles n'a jamais produit rien de
semblable parce que la matière est son domaine et qu'elle a
divinisé les sens et les choses sensibles qui sont le voile épais,
grossier et misérable qui nous empêche de voir la vérité de
Dieu et de la contempler.

Certes, Cœcilius, je t'aime déjà comme un fils chéri et
mon bonheur sera grand et complet, le jour où je t'aurai vu
naître définitivement, par le baptême, à la lumière de l'Evangile; mais, j'aimerais mieux renoncer à cette grande joie
plutôt que d'avoir la douleur de voir ton cœur fermé aux
souverains bienfaits de l'illumination qui te sera offerte, en

ce jour, car, alors, tu tomberais dans des ténèbres plus épaisses que celles dont j'aurais voulu te faire sortir.

— Plus je parle avec toi, Philothée, dit le jeune homme, et plus mes horizons s'élargissent. Oui, je sens bien, en t'écoutant, toute la noirceur des calomnies dont on vous charge, toute la fausseté des opinions qui courent sur vous, dans toute la société romaine. J'entrevois de grands mystères sous tes paroles sensées et j'espère les approfondir, avec ton aide. Il me semble, en effet, que ceux qui vous accusent de fanatisme, de grossièreté et d'ignorance se trompent grandement, puisqu'un homme savant et éclairé comme toi me tient un langage aussi précis. Sans doute, votre doctrine est contenue dans des volumes que vous gardez précieusement et qu'il n'est pas donné à tout le monde de lire?

— Oui, Cœcilius, je te l'ai déjà dit, nous possédons de précieux volumes, en petit nombre mais qui contiennent dans quelques feuilles plus de science et de philosophie qu'il n'y en a dans toutes les bibliothèques de Rome et du monde. Quatre de ces ouvrages contiennent les récits de la vie sur la terre, des miracles, de l'enseignement et de la mort de Notre-Seigneur le Fils de Dieu, venu sur la terre pour nous sauver en nous apprenant le chemin du Ciel. Dans ces volumes on voit comment il est né, comment il a vécu dans la pauvreté et le travail volontaire, comment, enfin, il a donné tout son sang sur la croix pour nous racheter du péché et nous retirer de la mort et des ténèbres. On y voit comment il a choisi douze disciples, pour conquérir le monde, comment un de ces disciples l'a trahi et livré à la mort. Comment les autres ont publié partout la bonne nouvelle de la Rédemption, en appuyant leur prédication d'étonnants prodiges qui convertissaient des foules innombrables. D'autres livres relatent toutes les œuvres qu'ont accomplies ces infatigables apôtres, les voyages qu'ils ont entrepris, les tribulations qu'ils ont subies, les différents genres de mort qu'ils ont courageusement supporté pour prouver leur mission et confirmer leurs frères dans la foi. On y trouve aussi leur doctrine et leurs conseils. Tous les jours, quelques volumes s'ajoutent à ces trésors. Ce sont les *Acta Diurna* du martyre où les témoins consignent avec soin tout ce que l'on peut recueillir de renseignements sur ceux qui témoignent vaillamment de leur foi devant les juges et dans les tourments de toute sorte. Je t'ai déjà parlé de ces choses, d'ailleurs, Cœcilius, et même tu m'as offert de me copier quelques-uns de ces documents car nous avons besoin de multiplier les copies pour les distribuer aux églises.

— Oui, et tu as toujours différé d'accepter de moi ce service, Philothée.

— Je te le demande aujourd'hui, dit le grec en retirant un volume de dessous son manteau. Ces lettres nous viennent d'Achaïe ; en les copiant, tu pourras juger des progrès que tu as faits dans l'étude de la langue grecque.

Cœcilius prit le volume qu'entourait un cordon de soie pourpre scellé à la cire et le regarda avec émotion.

— Je te le confie, dit Philothée. Et, maintenant, la méridienne est passée et notre conversation pourrait devenir dangereuse si elle était épiée par ceux qui pourraient parcourir ces jardins. Je ne t'ai pas fait une aride leçon de grec, comme le désirerait, sans doute, le préteur Metellus, ton père, mais qu'est-ce que la langue d'Homère, Cœcilius, devant la langue de Jésus-Christ, langue qu'il faut apprendre par la méditation des grandes vérités et dans laquelle on se perfectionne par le silence. *Salve* et à bientôt !

— *Salve*, Philothée, dit Cœcilius, compte sur moi.

Le grec, à ces mots, se leva et reprit le chemin qui l'avait amené.

Il ne remarqua pas, blotti dans le feuillage, un personnage à sombre figure d'espion qui le regarda s'éloigner d'un œil mauvais en grommelant entre ses dents :

— Bon, je m'en doutais! Voilà une conversation bien obscure pour un simple ignorant comme moi, mais avec de la ruse on arrive à tout, même à comprendre l'incompréhensible. Que peut contenir ce volume mystérieux? assurément les choses les plus intéressantes sur ces fameux mystères, peut-être tout un complot de ces brutes de chrétiens contre le divin César....

Tout à coup, Cœcilius se frappa le front et s'élança dans l'allée déserte, à la poursuite de Philothée.

Quand il l'eut rejoint.

— Philothée, dit-il, nul ne sait ce qui peut arriver; où te verrais-je si quelqu'événement t'empêchait de venir ici, et si quelque chose t'arrivait de fâcheux, à qui pourrais-je parler de toi en toute confiance?

— Si tu avais un urgent besoin de me parler, dit le grec, va au prœdium du Vatican qui nous appartient, comme je te l'ai dit, et demande Rusticus le fossor. Il nous servira d'intermédiaire fidèle. *Vale.*

Cœcilius se hâta de regagner la salle de verdure pour y prendre le volume qu'il avait laissé sur le banc de marbre avec ses tablettes, son style et d'autres rouleaux.

Mais quand il y arriva il ne put retenir un cri d'étonnement et de stupeur.

Le volume de Philothée avait disparu.

Le grec franchissait, en ce moment, le péristyle et entrait dans l'atrium d'où il gagna bientôt la rue sous l'œil du portier toujours somnolent dans sa loge.

En vain Cœcilius fouilla-t-il des yeux tous les coins et les recoins de l'endroit où ils s'étaient assis. Le volume restait introuvable, une main invisible s'en était emparé.

Dans quel but et pour quel usage?

II

LES ENVIRONS.

Rome avait encore une fois changé de maîtres.

Après les Flaviens, les Antonins avaient inauguré leur dynastie par Nerva choisi par les sénateurs dans une famille trois fois consulaire, vieillard aux mœurs douces dont on célébra l'avènement par la frappe d'une médaille en l'honneur de la « Liberté reconquise. »

D'une santé chancelante, Nerva avait prévu la brièveté de son règne.

Il n'eut le temps, en effet, de faire qu'une seule chose remarquable.

Il adopta Trajan, le plus habile des généraux de l'empire.

Trois mois après, Marcus Cocceius Nerva mourait, septuagénaire, emporté par une fièvre subite[1] après un règne de seize mois et neuf jours.

Le sénat vota son apothéose par acclamation et ses cendres furent déposées dans le tombeau d'Auguste.

Trajan, n'avait pas quitté la Germanie et ce fut à Cologne qu'il reçut les députations militaires envoyées par tous les

____

(1) Le 21 janvier an 98.

corps d'armée du monde romain pour le féliciter de son avènement à l'empire.

La métropole de l'antique Germanie retentit des acclamations les plus frénétiques et conserva longtemps le souvenir du jour où, dans ses murs, Trajan avait été proclamé Auguste.

Le nouvel empereur réunissait en lui toutes les grandes qualités de Titus, il y joignait la fermeté de Nerva.

Tous les auteurs païens sont unanimes à l'applaudir comme le type de la perfection impériale.

Certes, comme tous les païens, sa perfection n'atteignait pas à la plus humble des vertus chrétiennes.

Le *Pœdagogium*[1] retentissait souvent des clameurs de l'orgie qu'excusait la morale du paganisme; du moins, Trajan, à jeun, avait eu la sagesse d'ordonner, une fois pour toutes, à ses ministres, de ne jamais prendre au sérieux les ordres qu'il pourrait donner après boire.

Comme tous les empereurs, il se crut dieu et fit brûler de l'encens devant ses statues; comme tous les autres, il se crut grand et la malice de son temps le surnomma *le pariétaire* par l'excès de sa manie de couvrir de son nom tous les monuments publics.

Quand il arriva à Rome, après avoir quitté la Germanie, à la tête d'une immense armée frémissante d'enthousiasme, il voulut entrer à pied dans la ville impériale, et, sur son passage, il embrassait tous les amis qu'il rencontrait parmi la foule enivrée d'allégresse qui l'acclamait *Optimus*, jugeant insuffisants les anciens titres impériaux de « Père de la Patrie » et de « divin César. »

Soldat dans l'âme, Trajan aimait la guerre; l'oisiveté de la paix convenait mal à son caractère remuant; mais, hésitant à prendre sur lui la responsabilité d'entraîner l'empire

(1) Le gymnase impérial.

dans des aventures, il chargea les orateurs de lui dire en public que la honte infligée à Domitien sur les bords du Danube, devait être effacée.

En réalité, les lauriers d'Alexandre et de César l'empêchaient de dormir et ce fut ainsi qu'il entreprit la guerre contre les Daces qu'il devait réduire en servitude. Après cette première guerre, ayant vaincu le roi Decebalus, il revint à Rome pour triompher et recevoir le surnom de Dacicus, en mémoire de ses exploits.

Trajan avait dicté à Decebalus d'onéreuses conditions de paix dont bientôt celui-ci se fatigua, trouvant le joug trop dur. Sa révolte avait provoqué la deuxième guerre Dacique qui fut couronnée du même succès éclatant, et suivie du second triomphe de Trajan, à la suite duquel le sénat adressa à l'empereur des félicitations solennelles et décréta l'érection d'un monument triomphal en son honneur et à la gloire de ses conquêtes, la célèbre colonne de marbre blanc sur laquelle le ciseau des sculpteurs devait reproduire, en spirale montant jusqu'aux nues, toutes les phases glorieuses des campagnes du César.[1]

En haut de la colonne, Trajan devait voir sa statue placée comme une vigie sur le sommet d'un phare.

La Dacie était à jamais soumise et réduite à l'état de province romaine.

Mais la Providence qui veille sur les destinées du monde

---

(1) Cette colonne fut élevée sur le Forum Romanum et construite dans le style Dorique le plus pur. C'est le plus beau monument qui nous soit resté dans ce genre. Sa hauteur est de quarante-deux mètres quatre-vingt-cinq, y compris le piédestal haut de cinq mètres quatre-vingt-cinq et la statue haute de trois mètres cinquante-six. En 1588 le pape Sixte-Quint fit déblayer cette colonne alors enfouie à demi dans le sol, et mit la statue de saint Pierre à la place de celle de Trajan qui avait été détruite pendant l'invasion des barbares. C'est la colonne Trajane qui a servi de modèle à notre colonne de la place Vendôme, à Paris, édifiée à la gloire de Napoléon et de la grande Armée.

Tirant de dessous son manteau un volume roulé autour d'une baguette aux bouts arrondis, il le présenta à Metellus. (P. 47.)

permit que la plus grande partie de ce pays restât libre, car il était destiné à de grandes choses et devait être, selon ses décrets, le berceau futur de la très puissante nation des Goths.[1]

Pendant que le pacifique Nerva succédait à Domitien, l'Eglise avait goûté la paix sans illusions, toutefois, sur sa durée ni sa solidité, quoique Nerva révoquât les édits d'exil de son prédécesseur contre les chrétiens.

C'est ainsi que l'apôtre Jean, le plus illustre des exilés, avait quitté Pathmos pour retourner au milieu de ses frères d'Asie.

Sans perdre de temps, l'évêque de Rome organisait les

(1) Les Goths devaient, en effet, prendre une part importante au renversement de l'Empire romain. Ils n'étaient pas, à proprement parler, Daces d'origine.

Au temps de Tacite, ils habitaient la côte de la Baltique à l'embouchure de la Vistule. Ils émigrèrent ensuite au Sud. Au commencement du IIIe siècle, ils envahirent les côtes de la mer Noire où Caracalla les rencontra, lorsqu'il s'avança vers l'Est. Vers l'an 245 ils s'emparèrent d'une grande partie de la Dacie et commencèrent à menacer sérieusement l'empire, ce qui détermina Aurélien à leur abandonner toute cette province. Ils se scindèrent, alors, en deux peuples dont l'un s'appela les Ostrogoths ou Goths de l'Est, l'autre les Visigoths ou Goths de l'Ouest. Les premiers s'établissaient dans la Mœsia et la Pannonia, tandis que les seconds restaient au Nord du Danube.

En 410 les Visigots conduits par Alaric leur roi, envahirent l'Italie et saccagèrent Rome. Puis, ils fondèrent un royaume dans le Sud-Ouest de la Gaule avec Tolosa pour capitale et gagnèrent l'Espagne où ils fondèrent aussi un royaume qui dura plus de deux siècles et fut détruit par les Arabes.

Cependant, les Ostrogoths étendaient leur domination jusqu'à Constantinople où l'empereur Zenon effrayé, pour s'en débarasser, les autorisa à envahir l'Italie qu'ils conquirent entièrement, ayant à leur tête Théodoric-le-Grand, leur roi, qui prit le titre de roi d'Italie (493) fondant une dynastie qui régna sur ce pays jusqu'à ce que Justinien l'eut renversée (553).

On comprend l'influence que devait avoir cette nation, encore en germe au temps de Trajan, lorsqu'on sait que, de bonne heure, les Ostrogoths embrassèrent le christianisme, en grande partie sous l'influence d'Ulphilas qui, pour les convertir, vers le milieu du IVe siècle traduisit en leur langue toute l'Ecriture sainte, qu'ils se fondirent dans le peuple italien tandis que les Visigoths se mélangaient avec les peuples de l'Espagne et de la France méridionale.

vingt-cinq *titres* de la ville éternelle et en faisait des foyers ardents de religion chrétienne.

D'autre part, dans la prévision de nouvelles persécutions toujours probables, on poursuivait avec ardeur les travaux des cimetières souterrains déjà existants et leur aménagement pour la sécurité du culte.

Enfin, d'autres hypogées s'ouvraient sur d'autres points de la campagne romaine, grâce à d'illustres familles gagnées à la Foi chrétienne et qui donnaient l'enclos nécessaire à l'établissement de leurs escaliers.

Cette activité ne devait pas être inutile, car de nouveaux orages allaient bientôt éclater sur l'Eglise.

Chaque jour, en effet, le paganisme perdait du terrain et, malgré son ignorance de la valeur des moyens employés contre lui, il sentait vaguement sa défaite sous les efforts mystérieux de l'idéal nouveau qui germait dans ses entrailles.

Les démons qui président dans l'invisible à l'évolution et à la conduite des passions humaines, les puissances des ténèbres irritées à la vue de l'abandon prochain de leurs temples et de leurs autels, redoublaient surtout de colère et travaillaient, sans relâche, à guider leurs adorateurs insensés dans la voie des sanglantes représailles contre les saints du Christ qui s'efforçaient de faire pénétrer les bienfaisants rayons du soleil de Dieu dans les ombres de cette matérialité épaisse dont toutes les forces instinctives s'élevaient contre les pures splendeurs du règne intelligible de Dieu.

Soldat brutal et parvenu, confondant, dans un apparent souci de justice, la légalité avec la légitimité des choses, Trajan, sans édicter des ordres précis de persécution, devait donner cet exemple singulier de confusion juridique pris à tort, pour une sage modération, d'ordonner à ses préteurs et à ses proconsuls de punir les chrétiens sans les rechercher spécialement.

C'est ce qui ressort d'une consultation étrange envoyée à Trajan par un de ses gouverneurs, Plinius Secundus, proconsul de Bithynie et de la réponse que lui fit le premier des Antonins.

Embarrassé en face de l'innocence reconnue chez les chrétiens déférés à son tribunal, devant leur nombre sans cesse croissant et déjà immense, considérant, d'autre part, que les édits des empereurs précédents ordonnaient de les rechercher et de les punir comme des criminels dangereux, Pline le Jeune expose à Trajan, et la difficulté de punir tant de monde et la conviction dans laquelle il est qu'il est impossible de découvrir en eux la moindre culpabilité.

« Je n'ai pu, écrit-il, que les convaincre de s'adonner aux pratiques d'une absurde superstition. Du reste, les chrétiens s'obligent dans leur initiation à leurs mystères, non à commettre des forfaits, mais à ne se rendre coupables ni de vol, ni d'adultère, à ne point renier leur parole, ni un dépôt. Toutefois, j'ai puni ceux qui ont été dénoncés et convaincus; cette contagion a infecté non seulement les villes mais les bourgs et la campagne, de sorte que les temples des dieux sont presque déserts.[1] »

Et Trajan consulté, répond :

« Vous avez agi sagement, mon cher Secundus, et suivi la marche qu'il fallait à l'égard de ceux qu'on accuse d'être chrétiens. Il ne faut faire aucune recherche contre eux mais s'ils sont dénoncés et convaincus, vous devez les punir. »

Aussi, Tertullien exprime bien dans ses écrits, l'injustice flagrante de cette réponse, lorsqu'il s'écrie :

« Ordonnance impériale, pourquoi vous mettre ainsi en contradiction avec vous-même? S'il est criminel d'être chrétien, pourquoi interdisez-vous la recherche des chrétiens? mais si vous en interdisez la recherche, pourquoi n'absolvez-vous pas des innocents?[2] »

(1) Pline le jeune : Ep. x, n. 97.
(2) Tertullien, apolog. 2.

Nous avons vu dans un précédent volume,[1] quelle était la situation des chrétiens, vis-à-vis des lois de Rome, et sur quel malentendu était basée toute la législation criminelle de leurs procès.

Cette ambiguïté dans la décision de Trajan à leur égard, repose donc sur un double sentiment qui partageait son esprit.

D'une part, les faits témoignaient de la haute moralité des chrétiens et leur innocence devenait, par là, manifeste, si l'on se plaçait à un point de vue indépendant. Mais, d'autre part, par le fait même qu'un homme se déclarait ou était dénoncé comme chrétien, il assumait sur sa tête la responsabilité de trois chefs redoutables d'accusation : *Lèse-majesté*, *magie* et *sacrilège*, et d'un crime, prévu par la loi des Douze Tables : *Association secrète*.

Or, qu'on ne l'oublie pas, à Rome le pouvoir civil et le pouvoir religieux étaient dans la même main : celle de l'empereur-grand-pontife.

Un chrétien qui n'adorait que Dieu, répudiait, par là même, les dieux et l'empereur qui était divin. Du même coup, il tombait sous la triple accusation de lèse-majesté, de sacrilège et de magie, par le culte rendu à Jésus-Christ.

Obligés de se cacher pour célébrer leurs mystères, ils devenaient nécessairement coupables du crime prévu par la loi des Douze Tables : celui de *réunions illicites, non autorisées et nocturnes*.

Or, l'avenir a prouvé que le christianisme devait ruiner l'empire et substituer ses institutions aux siennes; rien d'étonnant que les Césars aient compris ce danger.

Ils n'avaient donc d'autre alternative que d'être des Néron, des Trajan ou des Constantin, et c'était l'esprit même de leur époque qui devait déterminer la conduite de chacun

---

[1] *La Semence sanglante*. Vol. 5 des *Fastes de l'Église*.

d'eux dans le cours de cette laborieuse rénovation du monde païen par l'esprit chrétien.

La Providence leur a départi à chacun leur rôle, en harmonie, comme elle le fait toujours dans sa divine et profonde sagesse, avec l'évolution logique, dans le monde, de l'idée sublime apportée sur la terre par Notre-Seigneur Jésus-Christ, ses moyens de propagation, le milieu pénétrable ou résistant dans lequel elle se propageait et cette loi inabrogeable en vertu de laquelle, nulle part il n'existe d'action sans réaction, de vérité sans erreur, ni, surtout, de triomphe sans lutte.

L'histoire nous apprend que jusqu'à Constantin aucun édit de persécution ne fut abrogé. Elle nous montre bien que pour en arriver là il a fallu que l'époque eut acquis des tendances chrétiennes et que l'empereur fût lui-même chrétien. C'est une chose que l'on oublie souvent lorsqu'on juge à distance les persécuteurs sans tenir compte de l'esprit de leur temps.

Quoiqu'il en soit, la persécution se déchaîna, de nouveau, sur l'Eglise et le sang des martyrs recommença à couler sur tous les points de l'empire et de ses provinces.

Parmi les évêques illustres de cette époque, saint Valentin meurt martyr en Espagne, saint Crescent et saint Zacharie à Vienne en Gaule, saint Barsimée à Edesse, saint Tite en Crète, saint Siméon à Jérusalem,[1] saint

---

(1) Eusèbe fixe, dans sa *Chronique*, la mort de saint Siméon, fils ou petit-fils de Clopas et cousin de Notre-Seigneur Jésus-Christ à la dixième année du règne de Trajan. Il donne dans son *Histoire ecclésiastique* des détails sur le martyre de l'évêque de Jérusalem où la haine de quelques hérétiques fit cause commune avec celle des païens pour l'incriminer non seulement d'être chrétien mais d'être aussi de la race de David. Cette recherche des descendants de David interrompue sous Domitien fut-elle reprise à cause des sourdes agitations qui faisaient pressentir la terrible révolte de l'an 116? Quoiqu'il en soit, Tibérius-Claudius-Atticus, légat consulaire de la Palestine, accueillit l'accusation. Saint Siméon âgé de cent vingt ans, fut torturé pendant plusieurs jours et son courage fit l'admiration d'Atticus et des assistants. Enfin, il fut crucifié, mais la recherche des descendants de David fut con-

Phocas à Sinope dans le Pont, saint Eleucade à Ravenne.[1]

Les papes payaient aussi largement leur tribut à l'immolation, quoique la question du martyre de quelques-uns soit obscure.

Successeur ou prédécesseur de saint Clet, saint Clément laisse à Anaclet le gouvernement de l'Eglise, pour aller en Chersonèse, lieu de son exil, et y recevoir le martyre par ordre de Trajan à qui il avait été signalé comme perturbateur public.[2]

Succédant à saint Anaclet,[3] saint Evariste occupait la chaire de Pierre.

Ainsi continuait à suivre sa route glorieuse et sanglante, l'Eglise de Jésus-Christ, et telle était l'état des temps à l'époque de notre récit.

tinuée et l'on découvrit que ses accusateurs appartenaient à la même famille, ils furent condamnés et le sang innocent fut ainsi vengé. (Allard, *Histoire des Persécutions.)*

(1) D'après Mozzoni, *Histoire de l'Eglise universelle*. Atlas chronologiques.

(2) Anaclet, grec d'origine, naquit à Athènes et eut pour père Antiochus. Il siégea neuf ans, deux mois et dix jours, au temps de Domitien, depuis le Consulat X° de cet empereur et de Sabinus (83) jusqu'au Consulat XVII° de ce même prince et de Clément (96). Anaclet avait été ordonné prêtre par le bienheureux Pierre. C'est lui qui éleva sur le tombeau du Prince des Apôtres le monument destiné à la sépulture des pontifes. Il y fut déposé lui-même le III des Ides de juillet près du corps de saint Pierre. Aux deux ordinations qu'il fit, dans le mois de décembre, il consacra cinq prêtres, trois diacres et six évêques pour divers lieux. A sa mort, le siège demeura vacant pendant treize jours, (Liber Pontificalis). — On ignore les circonstances de sa mort.

(3) Saint Clément fut précipité dans la mer, avec une ancre de navire attaché au cou, afin qu'on ne put rendre un culte à ses restes. Mais la mer rendit providentiellement son corps à la vénération des chrétiens.

III

LE VENIN DU SCORPION.

Cestius Metellus revenait du prétoire de fort mauvaise humeur et, dans le tablinum de sa villa, il aperçut son affranchi Aper qui l'attendait en souriant.

Le préteur le regarda rire d'un rire de fauve, le seul qui pût éclore sur sa laide figure à laquelle on ne pouvait se défendre de trouver des analogies avec le sanglier sauvage des forêts incultes.[1]

— Si, comme moi, lui dit le préteur, tu avais passé ta journée à appliquer toutes les tortures imaginables à ces maudits chrétiens, dans le seul but de savoir une bonne fois et clairement le mot de leur absurde superstition, et sans succès, tu ne rirais pas d'aussi bon cœur, Aper.

L'affranchi continua à rire.

— Seigneur, dit-il, ce n'est pas toujours en brûlant une maison que l'on arrive à connaître ce qui se passe derrière ses murs. Les chrétiens ne parlent pas, mais ils ont des livres qui pourraient en dire long sur leurs mystères.

Le préteur haussa dédaigneusement les épaules.

(1) Aper veut dire sanglier.

— Tu es fou! s'écria-t-il. D'abord, tous les chrétiens sont des êtres grossiers et ignorants autant que superstitieux; leur seule conduite l'indique suffisamment. Il est vrai que quelques membres de familles patriciennes ont donné dans leurs erreurs, mais c'étaient des esprits faibles, peut-être même des conspirateurs. Le reste est un ramassis de Juifs et d'esclaves auxquels des hiérophantes ont tourné la tête en leur promettant des biens extravagants dont la poursuite les a conduits aux cachots et à la mort. Tu parles de livres! Oui, quelques-uns d'entre eux qui ont renié leurs superstitions et sacrifié aux dieux ont livré des livres aux juges et ces livres contenaient des choses semblables à celles que tout le monde peut lire dans les bibliothèques.[1]

— C'est que personne n'est obligé de se dénoncer soi-même, dit Aper en riant toujours, mais, essayez par la ruse de vous procurer ces livres, seigneur, et vous verrez que quelques-uns contiennent le secret des chrétiens.

— Ne penses-tu pas que je vais me transformer en taupe pour aller voir ce qu'il y a au fond de leurs repaires? Y es-tu allé toi-même, pour me tenir un pareil langage?

(1) Il ne faut pas croire que tous les chrétiens accusés acceptaient le martyre. Il y en eut qui, privés des grâces de l'illumination que donne la foi, renièrent leur foi devant les tribunaux, sacrifièrent aux idoles, maudirent même le Christ. Quelques-uns livrèrent des manuscrits où se trouvaient des fragments des épîtres ou des actes des apôtres, d'autres, même, donnèrent des manuscrits contenant tout simplement des extraits d'auteurs profanes, soit qu'ils n'en possédassent pas d'autres et qu'ils voulussent faire acte de zèle hypocrite, soit qu'ils conservassent une certaine horreur de trahir les secrets de la Foi. Mais, on comprend bien qu'à cette époque, les copies complètes des évangiles et des livres canoniques étaient très rares, étant donné la nécessité et les frais de leur reproduction à la main. De là, l'impossibilité pour les païens de les posséder soit par persuasion soit par force, intégralement, et les eussent-ils possédées, l'illumination leur manquant, ils n'y eussent rien compris, néanmoins. Ce fut dans la suite, surtout, que ces apostasies eurent lieu et donnèrent même naissance à un abus « celui des billets de communion » que les apostats se faisaient habilement délivrer pour rentrer dans le giron de l'Eglise et contre lequel saint Cyprien s'éleva avec indignation. Eusèbe : Liv. vi. S. Cyprien : de Lapsis, etc.

— J'ai trop bonne mine pour cela, dit l'affranchi.

— C'est ce qu'il me semble.

— Seigneur, la peste des chrétiens pénètre partout et la maison des préteurs n'en est pas toujours exempte.

— Que dis-tu ?

— Le précepteur de votre fils est chrétien.

— Tu mens ! s'écria Metellus dont la physionomie exprima une subite fureur. Je connais Philothée.

— En ce temps-ci, seigneur, dit implacablement l'affranchi on ne connaît personne et il est prudent de se défier de tout le monde.

— Et crois-tu que mon fils Cœcilius que j'éduque à grands frais pour lui donner la succession de ma charge, serait assez insensé pour l'écouter ? La preuve, esclave !

Aper fut sensible à cette injure qui blessait profondément son titre d'affranchi et d'intendant de la maison de Metellus, et, tirant de dessous son manteau un volume roulé autour d'une baguette aux bouts arrondis, il le présenta à Metellus :

— Préteur, dit-il, ce que j'ai fait en me saisissant de ce volume qui traînait sur un banc du jardin et ce que je fais en te le remettant fidèlement, te prouve mon dévouement pour toi et ton illustre maison. Ce volume est écrit en grec, je ne connais pas cette langue et j'ignorerais ce qu'il contient si je n'avais pas entendu le précepteur dire à Cœcilius qu'il lui donnait à copier un des livres qui contiennent le secret des chrétiens.

— C'est bien, dit Metellus, donne-le-moi, tu seras récompensé ; en attendant, va chercher Cœcilius afin qu'il vienne se justifier devant moi.... Où cette peste s'arrêtera-t-elle ! s'écria Metellus lorsque l'affranchi eut disparu. Quoi ! un chrétien dans ma propre maison, choisi par moi pour enseigner les lettres à mon propre fils ! Et notre divin empereur nous refuse la recherche de ces bandits ! Heureusement nous avons le droit de les punir quand nous les tenons et je ne manquerai pas Philothée.

Et, dans sa colère, le préteur arpentait à grands pas la précieuse mosaïque du tablinum, fiévreux, dans l'attente, et méditant contre Cœcilius les plus sanglants reproches.

Mais, quand le jeune homme entra, le préteur avait repris le masque du calme le plus austère et ce fût sans colère apparente qu'il dit au jeune homme en lui montrant une cathèdre de citronnier incrusté d'ivoire :

— Assieds-toi ici, Cœcilius, et fais-moi part de tes progrès en grec sous la direction de ton précepteur Philothée.

Et, sans laisser au jeune homme le temps de répondre, il lui tendit le volume en ajoutant avec le même calme :

— Voici un manuscrit qu'Aper m'a dit avoir vu Philothée te remettre; en te priant de le lui copier, comme un devoir de grammaire. Romps le cachet et lis-le-moi, afin que je constate par moi-même si tu peux exprimer couramment la langue grecque et en entendre le sens.

Une immense angoisse étreignit le cœur de Cœcilius. Que contenait ce volume? En un éclair, il vit Philothée arrêté, martyrisé, et tous ses frères compromis avec lui.

— Mon père, dit-il avec une certaine émotion, j'ai honte de vous avouer que mes progrès en grec sont bien faibles encore, malgré les dévoués efforts du digne Philothée et je pense bien que je serais incapable de comprendre, sans son secours, le contenu de ce volume.

— Le volume est scellé, pensa le préteur.

Et, s'adressant à Cœcilius :

— Est-ce le premier que Philothée te donne dans ces conditions?

Le jeune homme reçut cette question comme un rayon de salut et il s'empressa de répondre sans mentir :

— Oui, mon père, car, jusqu'ici, le bon Philothée m'a toujours promis de me faire copier des volumes, mais n'a

jamais mis sa promesse à exécution, malgré mes demandes
réitérées, donnant pour raison que je n'étais pas assez avancé
pour comprendre suffisamment ce qu'ils contenaient et le
transcrire correctement.

— Aper ment ou il s'est trompé, pensa Metellus, heureux
d'entendre son fils lui parler ainsi.

— De sorte, dit-il, que Philothée, seul, pourrait me lire
cela correctement, va donc le prier à souper de ma part, et
ramène-le. Sa demeure est voisine, m'a-t-il dit, de la porte
Flaminia.

Le jeune homme sortit avec empressement et, dans la
crainte que son père se ravisât, hâtif, il franchit l'atrium et
le portique et prit sa course comme s'il gagnait la porte
Flaminia, mais, arrivé au mausolée d'Auguste, il le con-
tourna rapidement, et, par les boutiques aux galeries cou-
vertes qui entouraient le Champ de Mars, confondu dans la
foule des passants et des flâneurs, il gagna le pont de Néron,
le franchit et, le cirque passé, aborda les pentes extrêmes
du Vatican où, bientôt, par les sentiers boisés, il arriva à la
porte du prœdium de Lucine.

Il avait agi sagement.

A peine était-il parti que le préteur comprit qu'il s'était
joué lui-même, au cas où son fils et Philothée seraient
complices.

— Heureusement, je sais le grec, s'écria-t-il....

Mais le volume était loin, l'avisé Cœcilius l'avait emporté
dans son empressement à obéir à son père.

— Il faudra bien qu'il me revienne, murmura le préteur,
car voilà une question qu'il faut éclaircir.

IV

SIMPLICITÉ ET PRUDENCE.

Nous connaissons déjà l'endroit du Vatican désigné sous le nom de *Prœdium de Lucine*, [1] petit enclos fermé de murs contenant un jardin et une maison par laquelle on descendait dans le cimetière du Vatican, creusé sous les jardins de Néron et les fondations du temple d'Apollon, lieu où tant de martyrs dormaient le grand sommeil autour du saint tombeau du vénérable Pierre. [2]

Cœcilius fit résonner le heurtoir de fer de la petite porte dissimulée par les plantations touffues de figuiers et de mélèzes.

(1) Voir le cinquième volume. *La Semence sanglante.*

(2) Il n'y a plus traces aujourd'hui de cette catacombe qui a été complètement détruite par les immenses substructions de la basilique de Saint-Pierre. Elle se trouvait près de la voie Cornélia là où la colline commence à s'élever au-dessus du niveau du champ triomphal non loin d'un des côtés du cirque et des jardins de Caligula qui furent plus tard ceux de Néron, dans les entrailles d'un terrain abreuvé du sang des victimes de la première persécution. Les témoignages les plus anciens attestent que nul ne saurait compter le nombre des martyrs qui dorment en ce lieu où plus tard vinrent aussi se ranger autour de leur chef la plupart des premiers successeurs de saint Pierre : Linus, Cletus, Anacletus, Evaristus, Sixtus, Telesphorus, Iginus, Pius, Eleutherius, Victor. (Abbé Martigny. *Antiquités chrétiennes.*)

Un judas s'ouvrit, à son appel, dans l'épaisseur de la porte massive et la figure ridée et chauve d'un vieillard regarda par le grillage étroit.

— Je viens, homme respectable, dit Cœcilius à demi-voix, pour demander à Rusticus le fossor, de m'indiquer où je pourrais trouver, à cette heure, le digne Philothée, car je suis porteur pour lui d'une urgente communication.

Et pour prouver la véracité de son dire, le jeune homme, tirant de dessous son manteau le volume de Philothée en montra le cachet au vieillard, ne doutant pas que celui-ci en reconnût l'emblème.

Il ne s'était pas trompé.

Le vieillard attacha un instant les yeux sur la cire et reconnût, nettement dessinés, une ancre et un navire emblèmes chrétiens signifiant l'heureux voyage du temps à l'éternité.[1]

Le judas se referma et la porte s'ouvrit, livrant passage à Cœcilius qui pénétra dans l'enclos.

Sur l'invitation du vieillard, il entra dans la petite maison. Au milieu d'une salle encombrée de tablettes de marbre, d'instruments destinés à creuser la terre ou à graver la pierre, de lampes de toutes sortes, la plupart en terre cuite et décorés de monogrammes et de symboles, un homme encore jeune vêtu d'une tunique de laine brune était occupé à équarrir des tablettes de marbre.

— Celui-ci est Rusticus, dit le vieillard.

— Estimable fossor, dit Cœcilius, le respectable Philothée m'a dit de m'adresser à toi au cas où j'aurais une communication importante à lui faire. Or, il s'agit d'une chose grave

---

(1) On a trouvé beaucoup d'anneaux portant gravés sur leur chaton des signes analogues. Le poisson, l'Α et l'ω, un filet plein de poissons entouré d'autres poissons qui s'apprêtent à y entrer, des colombes et diverses inscriptions notamment sur des chatons en forme de plante de pied emblème de possession apostolique. (Abbé Martigny. *Antiquités chrétiennes*.)

et je viens te demander de me procurer immédiatement l'avantage de lui parler.

— Tu trouveras certainement Philothée, à cette heure, dans sa maison, la troisième en sortant d'ici, par le chemin le plus direct dans la via Cornelia, répondit Rusticus. Du reste, pour plus de sûreté, je vais t'accompagner.

Le fossor posa ses outils, secoua sa tunique, prit son manteau qu'il mit sur ses épaules et sortit du prœdium avec Cœcilius.

En silence, ils descendirent les pentes de la colline et, bientôt, s'engagèrent dans la via Cornelia.

Quand ils eurent atteint la troisième maison, Rusticus heurta à la porte qui s'ouvrit et une femme âgée apparût.

— Nous voulons parler à Philothée, lui dit Rusticus, est-il ici présentement, très chère sœur?

— Oui, dit la vieille chrétienne, entrez.

Ils franchirent le salvé et l'atrium et pénétrèrent dans un modeste tablinum dont les murs nus ne donnaient qu'une idée d'austérité sévère et de paix profonde.

Un instant après, une tenture s'écarta.

— La paix soit avec vous, dit Philothée, qui parut en adressant à ses visiteurs un affable sourire.

— Et avec ton esprit, répondit Rusticus. Ma commission est remplie et je retourne au Vatican. *Salve.*

— Mon fils, dit Philothée en s'adressant à Cœcilius, il faut que quelque chose de grave soit arrivé pour que tu te sois mis à ma recherche.

— Oui, Philothée, dit le jeune patricien. Un ennemi nous a épiés tantôt dans le jardin; profitant d'un oubli de ma part, il s'est emparé du volume que tu m'as confié et l'a porté à mon père, sans doute, dans un but méchant et intéressé, contre nous. Mon père m'a appelé et ordonné de lui lire le volume, mais j'ai prétexté de mon inexpérience de la langue grecque et, prenant au vol l'ordre qu'il me donna de venir te chercher pour t'inviter à souper, en réalité, pour te faire lire le volume, je suis parti à ta recherche pour t'avertir de ces choses.

— Le préteur a lu le volume? demanda Philothée avec inquiétude.

— Non, heureusement, je l'avais entre les mains et je l'ai apporté.

— Tu as agi prudemment, dit Philothée, puisque tu n'as pas menti et que tu as détourné un orage certain. Notre-Seigneur Jésus-Christ qui exige de nous la simplicité et la candeur de la colombe, nous a conseillé aussi d'être prudents comme le serpent, en toutes choses. Je vois que tu es digne de la confiance que j'ai mise en toi. Sans doute, tu n'as pas de temps à perdre ici, et il te faut rendre compte au plus tôt au préteur de ta démarche. Sache que, depuis longtemps, j'ai abandonné mon domicile de la via Flaminia et je suis parti sans indiquer à qui que ce fût en quel endroit j'allais désormais habiter, tu pourras donc dire cela au préteur sans blesser la vérité. Quant au volume, il le réclamera et il doit même, en ce moment, regretter de n'en avoir pas, tout d'abord, brisé le cachet pour en prendre connaissance. Comme il importe que nos secrets ne soient pas livrés à ceux qui pourraient en faire un mauvais usage, je te prie de me rendre ce volume et de recevoir en échange un volume exactement semblable en apparence et que je vais sceller du même sceau mais qui contient un des discours de Démosthènes. Tu le remettras en silence à ton père, car il ne faut pas tenter par des imprudences inutiles la bonté de Dieu et de sa Providence qui fait surgir de grandes choses des plus petits incidents de la vie quotidienne.

Ce disant, Philothée prit dans son coffre, un volume qu'il entoura d'un réseau semblable à celui qui fermait le volume dangereux; y mit son sceau et le donna à Cœcilius.

— Quand te reverrai-je, ô Philothée! demanda Cœcilius avec inquiétude.

— Demain, dit le prêtre chrétien, le préteur sera rentré dans le calme, et comme nous serons, sans doute, étroitement surveillés, par ordre, nous nous occuperons exclusivement de la grammaire grecque. Mais, viens, le soir, ici même et nous nous entretiendrons des sujets qui nous sont chers.

— *Vale*, Cœcilius et que la paix de Jésus-Christ que tu ne connais encore qu'imparfaitement soit avec toi !

Le jeune homme, à ces mots, quitta son sage précepteur et reprit sa course vers la maison paternelle.

Le préteur, impatient, attendait son retour.

Dès qu'il parût :

— Je ne t'avais pas dit d'emporter le volume, lui dit-il sévèrement.

— C'est vrai, mon père, répondit le jeune patricien, mais, dans mon empressement à répondre à votre désir..., du reste je vous rapporte ce rouleau.

— Et Philothée?... demanda le préteur, en prenant le manuscrit dont il ne soupçonna point la métamorphose.

— Philothée a quitté la maison depuis un certain temps et on ne sait où il demeure présentement, dit Cœcilius. Vous serez donc privé de sa compagnie ce soir à souper.

— Fort bien, je garderai donc cet écrit intact jusqu'à sa prochaine visite, dit Cestius Metellus en plaçant le rouleau dans la capsa où d'autres, déjà, étaient soigneusement rangés.

Et, du geste, congédiant son fils, le préteur se renferma dans ses méditations.

En présence de la multitude, un courageux disciple, Stratoclès,
et une noble femme chrétienne, Maximilla,
déposèrent respectueusement de la croix le corps du martyr. (P. 65.)

V

CLARTÉS DANS L'OMBRE.

Le préteur Cestius Metellus était un homme trop occupé pour donner suite à de simples soupçons, dans sa propre demeure, et sans autres preuves que la dénonciation, sans doute intéressée, d'un affranchi.

Le lendemain soir, il s'aperçut qu'il n'avait pas eu le temps de faire comparaître devant lui, dans le secret du tablinum de sa maison, le précepteur qui était venu donner sa leçon à Cœcilius, comme il en avait l'habitude.

Cestius ouvrit donc le volume, après en avoir rompu le cachet dont les emblèmes n'avaient aucune signification compromettante à ses yeux.

Dès les premières lignes, il vit bien combien téméraire était l'accusation portée par Aper, car il reconnut sans peine dans le texte qu'il avait sous les yeux, un des plus célèbres discours de Démosthènes, chefs-d'œuvre que toutes les bibliothèques bien fournies possédaient alors.

Il haussa les épaules et se borna à recommander à son affranchi de veiller, de loin en loin, sur les faits et gestes du précepteur.

Pendant ce temps-là, Cœcilius se dirigeait, par des chemins détournés, vers la via Aurélia.

Il eut bientôt reconnu la maison.

Philothée l'attendait.

— Mon fils, lui dit-il, la Providence divine a bien conduit les choses, et, comme tu n'as pas encore été illuminé par le baptême, elle a voulu, sagement, ménager ta faiblesse qui ressort de l'incomplète connaissance de la vérité. Sans doute, tu es impatient de savoir ce que contenait le volume que je t'avais remis et je suis bien aise que tu l'apprennes, afin de provoquer de ta part, des questions auxquelles je me ferai un devoir paternel de répondre. Prends et lis.

Ce disant, le prêtre chrétien retira le rouleau du coffre où il reposait, en rompit lui-même le cachet et le tendit à Cœcilius.

Celui-ci, dont les progrès en grec étaient supérieurs à ceux qu'une modestie de circonstance lui avait fait avouer, lut à haute voix :

« Nous tous, prêtres et diacres des Eglises d'Achaïe, nous adressons la relation des événements qui se sont accomplis sous nos yeux à toutes les Eglises d'Orient et d'Occident, du Midi et du Septentrion, constituées dans le nom du Christ.

» Paix sur vous et sur tous ceux qui croient en un seul Dieu, Trinité parfaite, au Père véritable non engendré, au Fils véritable seul engendré, au véritable Saint-Esprit procédant du Père et du Fils.

» Telle est la règle de Foi que nous avons apprise du bienheureux André, apôtre de Notre-Seigneur Jésus-Christ, dont nous entreprenons de vous raconter la passion telle que nous en avons été témoins.

» Œgéas, le proconsul, à son arrivée en cette ville, voulut contraindre tous les chrétiens à sacrifier aux idoles.

» Le bienheureux André se présenta devant lui :

» — Juge des hommes, lui dit-il, apprenez d'abord à connaître votre juge céleste, le Dieu véritable à qui vous devez l'adoration et l'hommage.

» Alors Œgéas lui répondit :

» — N'es-tu pas cet André qui renverse les temples des dieux et propage un culte récent que les princes romains ont ordonné d'anéantir?

» Le bienheureux André reprit :

» — Les princes romains ignorent la vérité que le Fils de Dieu, descendu sur la terre pour le salut des hommes, est venu nous apprendre.

» — Ce sont là de vaines paroles, interrompit Œgéas. En effet, votre Jésus qui prêchait chez les Juifs a été par eux attaché à une croix.

» — Ah! dit André, puissiez-vous connaître le mystère de cette croix que l'auteur de la vie a voulu spontanément choisir, dans sa charité divine, pour y opérer la rédemption du genre humain!

» Le proconsul haussa les épaules.

» — Il n'y a pas là, dit-il, une ombre de mystère. Nous connaissons l'histoire. Trahi par un de ses disciples, Jésus fut arrêté par les Juifs qui le livrèrent au gouverneur romain. Sur leur demande, le gouverneur le fit crucifier par ses soldats. Et tu viens nous dire que Jésus a choisi spontanément la croix pour gibet!

» — Je te l'ai dit et je te le répète, répondit André, j'étais avec Jésus quand il fut trahi par un disciple. Longtemps avant cette trahison, il nous avait dit qu'il serait livré aux Juifs et crucifié pour le salut du monde. Mais, ajouta-t-il, je ressusciterai le troisième jour.

» En entendant ces paroles, Pierre, mon frère, s'écria :

» — Non, Seigneur, vous ne serez pas crucifié! à Dieu ne plaise Seigneur!...

» Jésus alors s'indigna contre Pierre et lui dit :

» — Arrière, tentateur, vous ne comprenez ni ne goûtez les choses de Dieu!

» Et, pour nous mieux convaincre de la spontanéité avec

laquelle il allait au devant de son supplice, il nous disait :

» — J'ai le pouvoir de quitter cette vie, comme j'ai celui de la reprendre.

» Enfin, dans le dernier repas qu'il fit avec nous, il dit :

» — L'un de vous doit me trahir.

» Cette parole nous jeta tous dans la consternation.

» Pour éclaircir tous les soupçons qu'elle faisait naître, il expliqua nettement sa pensée et ajouta :

» — Celui à qui je vais donner ce morceau de pain me trahira.

» En parlant ainsi, il présentait, en effet, du pain au traître. Pouvait-il mieux nous montrer qu'il lisait dans l'avenir? Et, cependant, loin de fuir la trahison qu'il nous avait prédite, il voulût se rendre au lieu où le traître devait le saisir. Voilà pourquoi je dis que Jésus se livra spontanément à la mort.

» — J'admire, en vérité, dit le proconsul, comment un sage tel que toi peut se laisser ainsi séduire. Car, enfin, volontairement ou non, Jésus a été crucifié. Tu l'avoues!

» — Oui, répondit André, et c'est là précisément ce grand mystère de la Croix dont je parle et que je veux t'apprendre.

» — Mystère? non, mais supplice, reprit Œgéas.

» — Ayez seulement la patience de m'écouter, dit l'Apôtre, et, dans le supplice, vous découvrirez bientôt le mystère de la Rédemption humaine.

» — Je t'écouterai patiemment, dit le pronconsul; mais, à ton tour, si tu refuses de m'obéir, tu feras sur toi-même l'épreuve du mystère de la Croix.

» Mais André s'écria :

» — Si je tremblais devant le supplice de la croix, est-ce que je prêcherais les gloires de cette même croix?

» — Voilà bien la preuve de ta folie, dit alors Œgéas. Tu prêches que la croix n'est pas un supplice et tu pousses le fanatisme jusqu'à mépriser la mort.

» — Ce n'est pas par fanatisme que je méprise la mort, dit André, c'est par un sentiment de foi. Je sais que la mort des pécheurs est un châtiment horrible, voilà pourquoi je veux vous enseigner le mystère de la Croix. Peut-être que, quand vous l'aurez connu, vous y croirez, et en embrassant cette foi, vous travaillerez à guérir et à sauver votre âme, ainsi vous opérerez sa restauration.

» — On ne restaure que ce qui tombe en ruines, répondit Œgéas. Est-ce que mon âme a péri, pour que tu prétendes la restaurer par je ne sais quelle foi dont tu te fais le prédicateur?

» — Voilà, reprit aussitôt André, ce que je voulais précisément vous apprendre. Les âmes humaines ont été perdues, elles ne peuvent être réparées que par le mystère de la Croix. Le premier homme, au pied de l'arbre de la prévarication, introduisit la mort dans le monde, il fallait que le genre humain retrouvât la vie dans le supplice enduré sur l'arbre de la croix. Une terre vierge avait fourni le limon dont fut formé le premier homme; il fallait que l'homme parfait, le Fils de Dieu, naquît d'une Vierge sans tache, qu'il rouvrît aux hommes le chemin de la vie éternelle fermé par Adam et remplaçât l'arbre de la concupiscence par le bois de la croix. Suspendu à cette croix, il étendit ses mains immaculées, en expiation des mains que les hommes étendent pour le crime; le fiel amer remplaça pour ses lèvres la douceur du fruit défendu; c'est ainsi qu'adoptant notre mortalité, il nous a communiqué ses immortels privilèges.

» — Garde ces beaux discours, répondit Œgéas, pour la crédulité de tes adeptes. Quant à moi, si tu refuses de sacrifier aux dieux tout-puissants, je te ferai flageller et expirer ensuite sur cette croix dont tu vantes les charmes.

» — Il n'y a qu'un seul Dieu tout-puissant, dit André. C'est le vrai Dieu, je lui offre, chaque jour, en sacrifice, non la chair des taureaux ou des béliers égorgés parmi la vapeur de l'encens, mais l'Agneau sans tache qui fut immolé sur la croix. Tout le peuple fidèle est admis à manger la chair et à boire le sang de cette victime et, cependant, l'Agneau immaculé demeure toujours intègre et toujours vivant.

» — Comment cela se peut-il? demanda Œgéas.

» — Devenez un de nos disciples et vous l'apprendrez, dit le bienheureux Apôtre.

» — Je saurai bien t'arracher ton secret par la torture! s'écria le proconsul.

» André lui dit, alors :

» — A mon tour, j'admire qu'un sage tel que vous puisse croire que les tortures me forceront à dévoiler le secret de nos divins sacrifices. Je vous ai exposé le mystère de la Croix; si vous embrassez la foi du Christ qui fut crucifié, je vous dirai comment l'Agneau immolé ne meurt pas, comment il demeure intègre et immaculé sur son trône royal, pendant qu'il est sacrifié chaque jour et sert de nourriture aux fidèles.

» — Mais, s'écria Œgéas, puisqu'il est tué et dévoré par le peuple ainsi que tu l'avoues, comment cet Agneau peut-il rester intact sur son trône?

» — Embrassez notre foi et vous l'apprendrez, dit l'Apôtre. Autrement, je vous le déclare, jamais vous ne parviendrez à la connaissance de ce mystère.

» Le proconsul rompit alors l'entretien et ordonna de conduire le bienheureux André en prison. [1]

» A la nouvelle de l'arrestation de l'Apôtre, les multitudes qu'il avait converties se rassemblèrent. Les portes de la prison publique furent forcées malgré les soldats romains. Mais le bienheureux André se montra à la foule pour calmer son agitation.

» — Arrêtez! leur dit-il. L'esprit de Jésus-Christ notre

______

[1] *Actes et martyre de saint André.* Patrologie grecque, t. II.

Dieu est un esprit de paix et vous en faites un souffle de sédition et de révolte. Quand mon divin Maître fut livré à ses bourreaux, il ne résista pas, il n'éleva pas la voix, nul n'entendit sa plainte dans la place publique. Demeurez donc vous-mêmes en silence et en paix. Laissez-moi consommer le martyre qui m'a été réservé.

» Quand le jour parut, par ordre d'Œgéas, l'Apôtre comparut de nouveau devant son tribunal.

» — As-tu, lui dit le proconsul, profité, comme je l'espère, de la nuit pour réfléchir? Vas-tu cesser de prêcher le nom de ton Christ? Dans ce cas, tu continueras à jouir de la vie. Il serait d'un fou, de courir au-devant des supplices et d'aller se faire crucifier, de gaîté de cœur.

» — Je n'ambitionne qu'une joie, en cette vie, dit André, c'est celle de vous voir délaisser le culte des fausses divinités et embrasser la foi du Christ, qui m'a envoyé évangéliser cette province où je lui ai déjà conquis un grand peuple.

» — Voilà bien pourquoi, répondit Œgéas, je veux te forcer à sacrifier. Je veux que les peuples que tu as trompés par l'enseignement de tes superstitions, y renoncent et rendent aux dieux le culte qui leur est dû. Les temples sont délaissés dans toutes les villes de l'Achaïe. Travaille donc à rétablir la religion que tu as détruite, autrement tu paieras aux dieux la peine de ton impiété et tu mourras sur la croix qui t'est si chère!

» A ces mots, l'Apôtre s'écria avec un saint emportement :

» — Ecoutez, fils de mort, fétu de paille réservé aux flammes éternelles! Ecoutez la parole d'un serviteur et d'un apôtre de Jésus-Christ Notre-Seigneur et notre Dieu. Jusqu'ici je vous ai parlé avec douceur, faisant appel à votre raison, espérant que vous accueilleriez la vérité et que, comprenant toute la vanité des idoles, vous comprendriez aussi qu'il n'y a qu'un seul Dieu véritable à qui sont dus tous nos hommages. Mais, vous persévérez dans votre erreur et vous croyez pouvoir m'ébranler par des menaces! Rassemblez donc les plus atroces tourments que votre imagination puisse inventer, je suis prêt à les subir. Plus je souffrirai de tortures au nom de Jésus-Christ mon roi, et plus ma confession sera glorieuse.

» En entendant ces paroles, le proconsul fit saisir le bienheureux André et trois soldats, sept fois relayés par un pareil nombre de leurs camarades, le flagellèrent jusqu'à épuiser leurs propres forces.

» Après avoir enduré ce supplice, l'apôtre qui respirait encore, fut porté tout sanglant au pied du tribunal d'Œgéas.

» — Cesse donc d'être à toi-même ton bourreau, dit le proconsul, obéis-moi ou je te ferai mettre en croix.

» — Mes souffrances, répondit l'apôtre, ne sont rien. C'est au salut de votre âme que je donne toute ma sollicitude. Un jour ou deux de tortures, qu'est-ce que cela? Mais, vous, vous subirez un supplice éternel. Evitez-le donc et, après que vous aurez éprouvé ma constance, embrassez la foi du Christ.

» Œgéas indigné ordonna de conduire l'apôtre au gibet.

» Aussitôt, André s'élança d'un pas ferme vers le lieu du supplice. En apercevant l'instrument de mort, il s'écria :

» — Salut, croix que le corps du Christ a consacrée, croix que les gouttes de son sang ont enrichie de perles! Avant que mon Dieu t'eut choisie pour son trône, tu étais la terreur du monde, aujourd'hui, tu en es devenue la plus chère espérance et les véritables délices.

» O douce croix tant aimée et longtemps désirée, si ardemment ambitionnée, te voici donc prête à combler mes vœux!

» Reçois un disciple de Jésus-Christ pour le rendre à son divin Maître ; que Jésus qui, par toi, m'a racheté, me reçoive de toi.

» En parlant ainsi, les yeux fixés sur la croix, André se dépouillait lui-même et distribuait ses vêtements aux bourreaux. Ceux-ci l'étendirent sur la croix et l'y attachèrent avec des cordes, sans le clouer ni lui rompre les jambes, par ordre du proconsul qui voulait, par de nouvelles tortures, prolonger et aggraver le supplice de l'apôtre en le faisant dévorer, la nuit suivante, par des chiens. Mais sa cruauté fut déçue.

» Une multitude immense s'était portée sur le lieu du supplice et André disait, en souriant, à la foule :

» — Pourquoi Œgéas n'est-il point ici ? Il se convaincrait que les supplices sont impuissants contre un chrétien.

» Pendant trois jours et trois nuits, l'apôtre exhorta la foule à se convertir. Une force divine maintenait la vie dans ce corps affaibli par l'âge et épuisé par le sang répandu, et la foule, témoin de cette merveille, courut chercher le proconsul.

» — Qu'avez-vous fait ! crièrent mille voix. Cet homme est un innocent ! Rendez-nous-le ! Toute l'Achaïe vous le demande. Depuis quatre jours, il est attaché à la croix, personne ne lui a donné de nourriture, et, cependant, il vit et il parle avec une sagesse que nous admirons tous. C'est la vérité qu'il prêche ; venez et délivrez-le.

» Œgéas accourut pour voir ce prodige.

» Le saint apôtre l'exhorta encore à se convertir.

» Pour toute réponse, le proconsul ordonna de détacher André de la croix.

» Alors le martyr pria en ces termes :

» — O Jésus ! c'est pour vous que j'ai été crucifié, ne permettez pas ma délivrance. Mon Seigneur et mon Maître, vous que j'ai connu, vous que j'ai aimé, vous dont je confesse le nom du haut de cette croix, recevez mon âme dans votre sein.

» Comme il disait ces mots, le visage de l'apôtre resplendit d'une lumière céleste et il expira.

» En présence de la multitude, un courageux disciple, Stratoclès, et une noble femme chrétienne, Maximilla, déposèrent respectueusement de la croix le corps du martyr, l'enveloppèrent d'aromates précieux et le transportèrent dans le tombeau de Maximilla.[1] »

Pendant que le jeune homme lisait, Philothée suivait attentivement, sur sa physionomie, les impressions de son âme.

Il ne détachait les yeux de ceux de Cœcilius que pour jeter, parfois, un regard sur le texte du volume, éclaircir une phrase, décider sur la prononciation d'un mot, en donner la traduction et le sens en latin afin que le jeune néophyte comprît pleinement ce qu'il lisait, au moins quant au sens matériel et sensible, se réservant de l'éclairer sur le sens spirituel du récit.

Quand Cœcilius eut terminé sa lecture, au lieu de rouler de nouveau le papyrus, il se prit à le relire à voix basse, cette fois, élevant parfois le ton lorsqu'il s'agissait d'un passage remarquable ou plus saillant à son avis.

Philothée le laissa faire, en silence.

Enfin, quand cette deuxième lecture fut terminée.

— Comprends-tu, dit le prêtre chrétien, cette chose qui devrait sauter aux yeux de tout homme intelligent que, pour que des hommes comme André et tant d'autres de toute caste, de tout sexe, de toute condition sociale, opèrent cette merveille inouïe de donner, avec joie, de bon cœur et, souvent, du mouvement le plus spontané, leurs biens, leur sang, leur vie, dans le plus absolu renoncement, au milieu des plus atroces tortures, il faut que la raison de leur sacrifice soit bien puissante! On a vu des criminels mourir avec courage, en a-t-on vu s'offrir d'eux-mêmes aux juges et aux bourreaux dans le seul but d'exalter leurs crimes et d'en diviniser le mystère! On a vu, et l'histoire en fait foi, des hommes comme Régulus se sacrifier volontairement à leur patrie, pour sa défense et pour sa gloire, en des heures d'extrême

____

(1) Le martyre de saint André avait eut lieu le 30 novembre 84 sous Domitien.

danger, mais, a-t-on vu des légions d'hommes, en pleine paix, alors que la patrie était prospère, aller volontairement deman-der des tourments chez les ennemis les plus implacables? Non.

« Cependant, voilà le spectacle que, depuis un siècle passé, les chrétiens donnent à l'empire romain tout entier et au monde, sur les routes duquel ils s'en vont volontairement s'exposer à tous les dangers, affronter tous les orages, défier toutes les colères, se déclarant partout les mandataires et les serviteurs d'un Dieu.

» Ne penses-tu pas qu'il faut, vraiment, pour que ces hommes se sacrifient ainsi pour leur Dieu, que ce Dieu soit bien grand, bien puissant, surabondamment riche de biens sans prix auprès desquels les richesses de la terre, l'or, l'argent, les honneurs, les voluptés ne soient rien que cendre et poussière? Dis-moi, Cœcilius, ne faut-il pas, à ton avis, que ces hommes soient, non seulement des héros, mais aussi et surtout des convaincus, et n'est-il pas logique que leur conviction s'appuie sur quelque chose de sûr, de certain, d'immuable, sur des révélations et des promesses faites clairement par une bouche qui ne peut pas tromper?

» Et, dis-moi encore, jeune homme au cœur droit et noble, quel est le plus insensé de celui qui prend ces hommes pour des fous ou des malfaiteurs, ou de ces héros pour qui la vie même n'est rien et qu'on ne peut pas même accuser d'être des désespérés ou des stoïques comme les Caton et les Sénèque, puisqu'au contraire, ils mettent dans la mort toute leur espérance et qu'ils appellent cette mort, alors même qu'elle ne les cherche pas et qu'un seul mot, que dis-je, un simple geste, celui de sacrifier aux dieux, ou même de brûler devant leurs images un peu d'encens, suffirait sou-vent, non seulement pour les soustraire à la mort ou à la torture, mais encore, parfois, pour les combler de ces biens et de ces honneurs tant enviés des autres hommes.

» Est-ce Jupiter ou quelqu'un des innombrables et honteux personnages qui forment, sous le nom de dieux, sa compagnie olympienne qui peuvent montrer de tels adorateurs, de tels défenseurs, de tels apôtres, de tels martyrs ? »

— Non ! dit Cœcilius, emporté lui-même par l'éloquence du prêtre chrétien. Tout ce que tu dis, Philothée, est rempli d'une admirable lumière, d'une superbe raison !... Ah ! que nous sommes loin de ceux qui disent que vous adorez une tête d'âne et que vos mystères sont des crimes honteux ou sanglants !... Cependant, Philothée, tu le sais, j'ai quelque peu étudié la philosophie, et, si tu me le permets, je te soumettrai une pensée.

— Parle, dit le prêtre chrétien, je t'écoute avec attention et bienveillance.

— D'après ce que tu viens de m'exposer, que je pensais comme toi mais que je n'eusse pu aussi bien exprimer, sans doute, tout chrétien est possesseur de la vérité parfaite, n'est-ce pas ?

— Oui.

— Et il le croit si fermement qu'il se sacrifie pour elle et pour y amener les autres.

— C'est exact.

— Mais, Philothée, d'où vient que la vérité est si atrocement persécutée en eux par tant d'hommes qui ne sauraient, souvent, être rangés, sans injustice, dans la catégorie des ignorants, des insensés ou des malfaiteurs ? D'où vient que cette vérité n'éclate pas à tous les yeux ? Un des caractères de la vérité, mon cher précepteur, n'est-il pas l'évidence, comme on l'enseigne à l'Académie et au Portique ?

— C'est vrai, Cœcilius. As-tu quelque chose encore à ajouter ?

— Oui, Philothée, continuant mon raisonnement, je te dirai encore : Or, le caractère principal de l'évidence n'est-il pas d'obliger tout homme raisonnable à se rendre à elle et à conclure comme l'évidence ? Votre foi est la vérité, n'est-ce pas? Ceci admis, nous devons admettre qu'elle doit être aussi l'évidence. D'où vient donc que des hommes sensés puissent se refuser à reconnaître la vérité dans son vrai caractère et à en persécuter les apôtres?

— Mon cher Cœcilius, dit le prêtre avec bonté, tu raisonnes comme Platon lui-même. Mais, si complet que paraisse ton raisonnement, il y manque quelque chose et tu as oublié de tenir compte de ce facteur important qui fausse les données de l'évidence dans le jugement des hommes et ce facteur important, fut-il aussi mince qu'un grain de sable, s'appelle : *un obstacle*. Tu comprendras par un exemple tiré des choses les plus ordinaires et les plus sensibles. Qu'y a-t-il de plus évident, pour nos sens, que l'éclat du soleil et sa chaleur? Prends un homme privé des yeux dès sa naissance. La lumière du soleil n'est plus pour lui une chose évidente ; s'il croit à un soleil, ce sera pure complaisance de sa part envers ceux qui, le voyant, lui affirmeront son existence et ses bienfaits. Il restera évident pour lui qu'il existe un principe de chaleur puisque ses sens l'avertiront de l'état de la température, mais il ne sera nullement évident pour lui que ce principe de la chaleur est le soleil ; et, ici encore, il sera obligé de s'en rapporter au témoignage des autres. Or, pourquoi cet homme, honnête et sensé d'ailleurs, est-il fermé à l'évidence, sur ce point résolu pour tout autre, fut-il le dernier des ignorants? Je l'ai dit, c'est parce qu'entre son jugement et l'évidence, il y a un obstacle, la cécité qui lui enlève les organes nécessaires à la perception de cette chose évidente : l'existence d'un soleil qui éclaire et qui réchauffe.

— Philothée, s'écria Cœcilius, tu es plus sage que le divin Platon lui-même! tes paroles versent en moi des flots de lumière ; puisses-tu ne pas dédaigner de me conduire jusqu'aux plus hauts sommets!

— *Non licet omnibus adire Corinthum!* dit Philothée en souriant, mais, du moins, ceux qui ont été à Corinthe peuvent et doivent mettre sur la route ceux qui sont capables d'y aller.[1] Or, Cœcilius, il nous est facile d'appliquer notre raisonnement à des choses plus transcendantes. Tu as remarqué, sans doute, cette réponse que les confesseurs et les martyrs ont souvent opposée à l'ordre donné à eux par leurs juges de leur livrer le secret de nos divins mystères :

« *Vous le connaîtrez quand vous en serez dignes.* »

» Ici, Cœcilius, il y a une évidence qui est pleinement incontestable pour les uns et qui, pour les autres, n'est que fourberie et ténèbres. Pourquoi ? c'est que les uns voient et que les autres sont aveugles. Entre cette évidence qui est un mystère dont ceux qui en sont illuminés, doivent garder le secret, et ces juges incompétents et aveugles, il y a, précisément, un *obstacle*, raison de leur cécité morale, et cet obstacle, les martyrs le leur disent : c'est leur indignité.

» Or, sache-le, mon bien-aimé fils, ce serait en vain que les plus illustres et les plus saints témoins de cette divine évidence essayeraient, par des paroles, de la leur faire concevoir, ils ne les entendraient pas, parce que leur indignité leur ferme l'entendement.

» Ils fouleraient aux pieds les dons même de la lumière, ignorants qu'ils marchent sur la lumière, et voilà pourquoi, mon cher fils, il est écrit dans nos *Saintes Lettres* :

« *Vous aurez soin de ne pas livrer aux chiens le mystère de la sainteté et vous prendrez garde de ne pas laisser*

---

(1) « Il n'est pas donné à tout le monde d'aller à Corinthe. » Dicton qui avait cours dans l'antiquité, à peu près comme, de nos jours, les Italiens disent : « Voir Naples et mourir ! » Corinthe, ville de la Grèce ancienne, à soixante-quinze kilomètres ouest d'Athènes, était célèbre dans tout le monde antique, par sa magnificence, le luxe et l'opulence de ses habitants, l'illustration de ses architectes et de ses statuaires. Les bronzes de Corinthe, notamment, atteignaient des prix fabuleux et leur réputation de beauté était universelle. Aussi, tout ce qu'il y avait d'hommes de goût et d'art dans l'antiquité, soupirait après le bonheur de contempler les merveilles de Corinthe, comme nos peintres et nos sculpteurs soupirent aujourd'hui après Rome et ses chefs-d'œuvre.

*tomber devant ces hommes indignes, les secrets de votre
croyance, car ils n'en feraient pas plus de cas que des
pourceaux ne font cas des pierres précieuses..»*

» Lirais-tu Platon devant un pourceau, mon fils? non,
n'est-ce pas?

» Et si ce pourceau exigeait de toi que tu lui expliquâsses
les textes de Platon, ne lui conseillerais-tu pas, auparavant,
de devenir un homme?

» Eh bien! mon cher fils, il faudrait encore que tu lui
conseillâsses de devenir un philosophe et d'élever son esprit
à la hauteur même du génie de Platon. »

— Prêtre de Jésus-Christ, dit Cœcilius avec feu, tu es
un homme sublime! Que béni soit le jour où ta clarté à lui
sur mon chemin!

— Gloire en soit à Jésus-Christ seul! dit Philothée, en
traçant sur son front le signe de la croix. Mais, poursuivit-il,
écoute-moi encore. Il est rapporté, en parabole, dans nos
saintes lettres que le plus jeune fils d'un homme riche lui
demanda, un jour, sa part d'héritage, l'obtint et s'en fut la
dissiper dans la débauche, élevant ainsi entre lui et son
père, l'obtacle de son indignité. Cependant, dans l'excès de
sa misère, il se souvint de son père opulent et bon, tandis
que lui était réduit, dans la boue où il était tombé, à se
nourrir de l'aliment des pourceaux qu'il gardait chez les
étrangers, et il se dit :

« —J'irai trouver mon père et je lui dirai : « Mon père,
j'ai péché contre vous et je ne suis plus digne d'être appelé
votre enfant!

» Il fit ainsi, et le père lui ouvrit ses bras et se réjouit de
son retour.

» Cœcilius, écoute, nous avons un père, un père unique
et tout-puissant qui est Dieu. Comme l'enfant prodigue, nous
avons demandé notre part d'héritage, éblouis par le faux
mirage de cette richesse passagère, dont nous avons mal

usé et nous sommes tombés en la compagnie des animaux impurs qui ne connaissent pas Dieu; mais, pauvres de la richesse paternelle perdue pour nous, nous avons, de tout temps, gardé le souvenir et la soif de ses splendeurs. Moins heureux que l'enfant prodigue, nous avons senti que nous nous étions tellement éloignés du Dieu unique, notre Père, que nous avons perdu la notion du chemin qui devait nous ramener à lui. Alors, nous nous sommes égarés jusqu'à prendre nos erreurs pour Dieu lui-même et il a fallu que Dieu, notre père, prît pitié de nous et vint à notre secours pour nous montrer la voie du retour à Lui.

» Dieu a donc daigné, par son propre Fils unique, venir jusqu'à nous, comme un bon pasteur qui va, à travers les rochers et les précipices, chercher la brebis égarée au milieu des loups dévorants, et Jésus-Christ, notre Seigneur, s'est fait semblable à nous pour nous parler et nous enseigner le moyen de rentrer dans la maison paternelle d'où nous étions sortis pour nous égarer.

» Il est venu nous dire que nous étions des enfants de Dieu et de la Lumière, mais que, par notre faute, nous étions nés à la mort et aux ténèbres et que, si nous voulions revenir dans la maison de notre père, il fallait renaître à Dieu et à la Lumière. Il est venu nous enseigner comment nous pouvons, si nous le voulons, devenir des dieux en écoutant la parole de Dieu et en la mettant en pratique.

» Or, Cœcilius, dis-moi s'il est étonnant que ceux qui ont reçu et compris cette parole divine, soient tellement pénétrés de sa vérité et de sa splendeur qu'ils n'aspirent qu'à l'heure où ils pourront quitter la compagnie des animaux, pour rentrer dans la céleste maison de leur père?

» Mais aussi, Cœcilius, Jésus-Christ, notre Seigneur, nous a appris que, si nous sommes des enfants égarés de Dieu, nous sommes tous frères et qu'il n'y aura une joie complète dans la maison de Dieu que lorsque tous les enfants de

Dieu y seront réunis dans la paix et l'amour de leur Père ; non seulement il nous a appris ainsi que nous sommes tous frères, mais, il nous a enseigné à nous aimer et à travailler à nous ramener mutuellement dans la maison de notre Père qui nous aime et veut partager avec nous ses trésors incorruptibles ; il nous a donné le plus éloquent exemple de l'amour parfait de Dieu, notre Père commun, et de l'amour absolu de tous nos frères, égarés comme nous, et le moyen de nous réunir à Dieu avec tous nos frères, en sacrifiant tous les biens faux de ce monde et notre propre vie au désir du Père plein d'amour, pour le salut et le rachat de tous ses enfants encore pleins d'illusions et d'erreur.

» Voilà, Cœcilius, un des secrets sublimes de ces glorieux héros qui donnent volontiers leur vie pour l'amour de leur Dieu et le salut des autres.

» Mais, tu le comprends, n'est-ce pas, s'il est impossible de faire, quand on est aveugle, les œuvres des clairvoyants, il est illogique, quand on est clairvoyant, de se conduire comme des aveugles.

» Voilà pourquoi nul ne peut espérer être un dieu s'il reste un homme, d'où il suit que, pour naître à Dieu il faut mourir à l'homme ; c'est le seul moyen de dissoudre l'obstacle le plus dur qui nous sépare de Dieu, c'est-à-dire l'égoïsme qui est le propre de notre nature déchue.

» Va donc, mon fils bien-aimé, et, dans le silence de ton cœur, médite sur ces grandes choses, toi qui as étudié un peu de la philosophie humaine et qui n'avais pas encore l'entendement ouvert à la philosophie divine ; sache que je viens de t'*initier*, c'est-à-dire de te mettre sur la route qui va à cette Corinthe qu'on appelle le bonheur éternel et incorruptible, acquis par la Foi, l'amour et le sacrifice ; bientôt, si la semence germe en ton cœur, je t'ouvrirai, par le baptême, la porte véritable du saint temple de notre Dieu, et, plus tu avanceras, plus tes yeux s'ouvriront, plus s'évanouira l'obstacle; après la clarté, tu connaîtras la splendeur et quand l'illumination aura inondé ton âme, la voie parfaite s'ouvrira pour toi comme pour tous ceux que l'esprit, en soufflant, a touché de son aile et qui ont pris des ailes au passage de son souffle.... »

» Demain, en la maison de Metellus, je t'enseignerai les lettres grecques. »

— Père! s'écria le jeune homme, avec des larmes dans les yeux et dans la voix.... Père....

— Mon fils?

— Merci!

— *Non nobis!* dit le prêtre chrétien, *non nobis! Sed nomini tuo Domine, da gloriam!*[1]

Il ouvrit silencieusement la porte de sa demeure; un instant après, le jeune homme était seul sous le ciel éclatant d'étoiles, et il lui semblait, tandis qu'il offrait son front au rafraîchissant baiser de la brise vespérale, que ses pieds, en le portant, ne touchaient déjà plus la terre.

(1) Ce n'est pas à nous, Seigneur, mais à votre nom seul que la gloire en est due. (Psaumes.)

DEUXIÈME PARTIE

ILLUMINATION.

I

CE QUE LES ANIMAUX FONT DES PERLES.

— Certainement, Aper, tu as été joué par Philothée! Ces maudits chrétiens ont toutes les ruses; au moyen de leurs maléfices, ils se chargent de faire voir blanc ce qui est noir et noir ce qui est blanc. Mais, dis-moi, tu en veux donc bien à Philothée?

— Ecoute, échanson de Cestius Metellus, dit l'affranchi avec son rire éternel et féroce en montrant du doigt dans le cellier des amphores pansues dont l'inscription indiquait que du vin précieux de Falerne y avait été mis du temps d'Auguste. Comment appelles-tu cela?

— Par Bacchus! s'écria l'échanson, peux-tu le demander, clairvoyant Aper? Ne vois-tu pas que ces amphores contiennent de ce divin falerne que le joyeux Horatius Flaccus a tant chanté, comme une ambroisie de l'Olympe?

— Fort bien! mais, que dirait Metellus si, buvant ce vieux falerne, nous le remplacions par du vinaigre?

— Je sais bien ce qui arriverait, dit l'échanson en faisant

le dos rond, j'irais faire connaissance avec les lamproies du *vivarium*; quant à toi, une fois convaincu de complicité avec moi, tu ne penses pas, sans doute, qu'on te décernerait le triomphe et qu'on te conduirait au capitole, en faisant suivre ton char par les dites amphores, en guise de trophées?

Aper, à cette plaisanterie, élargit encore son rire féroce qui montra ses dents aiguës de carnassier mal apprivoisé.

— J'admire comme tu as de l'esprit, dit-il. Sache donc que j'en veux autant à Philothée que le préteur pourrait nous en vouloir d'avoir remplacé son falerne par du vinaigre. Il s'en est fallu de fort peu que je m'exposasse à aller, un jour, faire connaissance avec les lions et les tigres du *Colosseum*, après quelques préliminaires fort délectables comme le chevalet, les torches ardentes, les ceps ou les verges. Qui ne serait alléché par les douceurs d'un tel programme? Il y a de quoi être joyeux et chanter comme Horatius Flaccus :

> « Nunc, est bibendum; pede libero
> Pulsandá tellus, nunc!...[1] »

— Je t'admire, mon cher Aper, tu as « des lettres! »

— Bon! qui n'a pas, au moins une fois, entendu réciter les plus célèbres des vers de Quintus-Horatius Flaccus?

— Continue et explique-moi comment tu t'es trouvé sur la route d'un pareil danger?

— Très simplement; ce maudit chrétien avait essayé de m'engluer par ses mensonges et ses promesses.

Il m'avait raconté que nous étions, sans le savoir, les enfants d'un grand roi qui était plus puissant que Jupiter lui-même; que ce roi, voulant nous rendre heureux, avait envoyé son fils sur la terre pour nous faire tous libres et

______

(1) Horace. Ode xxxvii, 1. 1. « Voici le temps de boire; voici le temps de frapper le sol d'un pied léger!... »

riches, que, si nous suivions ses préceptes et ses conseils, il
établirait définitivement son empire et que nous irions boire
et manger à sa table et recevoir de lui le comble à tous nos
désirs ; que personne ne mourrait plus ni ne souffrirait plus.

« En ce temps-là, le noble Cestius Metellus ne m'avait
pas encore affranchi et je ne désirais rien tant que la liberté
et la bonne chère ; celui-ci m'offrait, par dessus le marché,
l'immortalité et toutes les richesses imaginables, et moi,
bonne tête à musique, je le croyais sur parole.

» Ce qui m'étonnait le plus c'était la façon dont le fils de
ce roi avait été traité par les gens qui l'avaient connu. Il
paraît qu'on l'avait tout simplement crucifié comme un
esclave et un malfaiteur, et j'avais beau me creuser la tête,
je ne parvenais pas à comprendre que, puisqu'il était si
puissant, il avait pu se laisser maltraiter ainsi, et je ne le
comprends pas encore aujourd'hui. Mais, il paraît que c'est
là précisément le grand secret des chrétiens, un secret tel
qu'ils se font torturer et tuer plutôt que de le livrer. »

— Oh ! oh ! s'écria l'échanson, ces gens-là sont des fous !

— Cependant, je me résignais assez à ne pas comprendre, parce qu'on me disait que ce n'était pas nécessaire
et que je ne pourrais arriver à l'intelligence de ces choses que
plus tard. L'essentiel était qu'on me donnât ce qu'on m'avait
promis, n'est-ce pas ?

« Mais, vois quelle est la fourberie de ces êtres infâmes
et menteurs. Quand je les ai mis en demeure de remplir leurs
engagements et leurs promesses, c'est-à-dire de m'affranchir
et de m'installer dans le palais de leur roi où l'on boit et
mange à satiété, où l'on se repose et jouit d'un bonheur
parfait, ils m'ont répondu qu'ils me plaignaient sincèrement
de traiter aussi grossièrement des choses aussi élevées ; que
la première des conditions pour tout gagner, c'était de tout
perdre, même sa vie, et qu'on ne pouvait arriver dans le
royaume en question que par la mort, souvent, même, par la

torture, car la gueule des lions et des tigres est, paraît-il, la petite porte par où passent ceux qui seront les mieux servis. »

Un gros rire secoua, à ces paroles, le ventre de l'échanson étonné de la naïveté de l'affranchi.

— Je n'étais qu'un misérable esclave, dit Aper en se redressant avec orgueil, mais, par Bacchus! quoique voué aux étrivières, à l'ergastule ou même au vivarium, si le destin en décidait, au moins, je vivais aussi tranquille qu'on pouvait l'être dans notre situation et tu penses que je préférais mille fois cette vie chétive et misérable à toutes ces belles promesses dont la réalisation nécessitait de pareils préliminaires. Aussi, j'ai quitté pour toujours, sans regarder derrière moi, leurs repaires de taupes où on les enfumera, quelque jour, comme des renards qui passent leur vie à attrapper des poules naïves et je t'assure que je ne cherche que l'occasion de me venger de ces fourbes, en général, et de ce Philothée en particulier, qui, à ce que je crois, est en train d'endoctriner et de séduire le noble Cœcilius.

— Tu te mêles peut-être de ce qui ne te regarde pas.

— Tant pis, j'ai surpris, l'autre jour, une conversation de ce maudit grec qui racontait ces mensonges, d'un ton solennel, au fils du préteur et lui remettait un volume en lui affirmant qu'il contenait le secret des chrétiens. J'ai profité d'un moment d'inattention de Cœcilius et je me suis emparé du précieux rouleau.

— Mais comme j'étais averti qu'il était écrit en grec et que je ne connais pas le grec, je n'en ai pas rompu le cachet et je l'ai porté au préteur en lui disant que Philothée était chrétien, qu'il séduisait son fils et lui avait remis ce livre oublié par Cœcilius, au jardin. J'ai ajouté que je croyais bien que ce livre contenait le secret des chrétiens.

— Et alors?

— Alors? Vois à quel point ces gens-là sont fourbes! Le noble Metellus a ouvert le volume et qu'y a-t-il trouvé? Un discours de Démosthènes qui vivait bien avant qu'il fut question des chrétiens !

— Tu as raison, Aper, s'écria l'échanson ; par Bacchus ! c'est là une fourberie sans égale ; et il faut que ces gens soient bien sûrs de l'absolue confiance de leurs dupes pour oser mentir aussi effrontément. Mais, patience, le temps viendra où ils ne séduiront plus ni esclaves ni patriciens.

— En effet, le divin Trajan, à ce qu'il paraît, a résolu d'y mettre bon ordre, et nous apprenons par les *Acta Diurna* que la chasse aux chrétiens continue dans les provinces. César qui fait, en ce moment, un voyage d'agrément en Orient, en ramènera quelques-uns des plus beaux pour les jeux.

— Que les dieux t'entendent, Aper, s'écria l'échanson et puissions-nous avoir de beaux jeux !

— Nous les aurons superbes, crois-moi, et mon plus grand plaisir serait d'y voir figurer mon ennemi, le grec Philothée. Je ne négligerai rien, sois-en sûr, pour lui ménager le bonheur d'entrer par la petite porte dans le palais de son roi généreux qui donne à boire et à manger aux gens à condition qu'ils n'aient plus besoin de boire ni de manger et qu'une obole leur suffise désormais pour faire la route et passer le styx. Holà ! le soleil tourne et j'ai affaire ailleurs qu'à la cave, présentement, joyeux échanson. *Vale.*

— *Vale*, Aper, dit l'échanson et que Castor et Pollux te protègent !...

Et il continua à vérifier les amphores de falerne, tandis que l'affranchi s'éloignait, toujours grimaçant de son terrible rire.

II

THÉOPHORE.

Aper, l'affranchi de Cestius Metellus avait dit vrai. César était en Orient où il visitait les provinces, et il était passé par Antioche.

Après Athènes et Rome, peu de cités étaient plus dignes d'admiration qu'Antakieh justement célèbre par la beauté de son site, ses monuments et son histoire.

C'est dans cette ville que les disciples de Jésus-Christ avaient reçu, pour la première fois, le nom de chrétiens, quarante-deux ans après Jésus-Christ.

Elle était chère aux saints, car saint Pierre y avait prêché la foi et en avait été le premier évêque.

Digne successeur de Pierre, Ignace au cœur ardent, véritable Théophore, comme il se nommait lui-même, en était le pasteur, donnant à tous l'exemple des vertus les plus hautes et du plus pur amour pour Jésus-Christ.

Trajan était arrivé sur les entrefaites de quelques troubles dont les circonstances sont restées inconnues et qui déterminèrent l'arrestation d'Ignace injustement accusé d'être un fauteur turbulent de désordre.

En le voyant, Trajan s'écria :

Fort bien! mais que dirait Metellus si, buvant ce vieux falerne,
nous le remplacions par du vinaigre? (P. 75.)

— Qui es-tu, misérable démoniaque? C'est toi qui oses
mépriser mes décrets et entraîner à la mort une multitude
aussi ignorante que fanatique!

— Personne, répondit Ignace, n'a jamais appelé Théophore un démoniaque. Les démons fuient devant les serviteurs de Dieu. Je suis redoutable aux démons, au contraire,
car je brise leur puissance et je déjoue leurs pièges au nom
du Christ mon roi et mon Seigneur.

— Quel est donc ce Théophore dont tu parles?

— C'est celui qui porte le Christ dans son cœur!

— Ne vois-tu pas, dit l'empereur que, nous aussi, nous
portons les dieux dans notre cœur, et que leur protection
nous fait triompher de nos ennemis?

— Ce ne sont point des dieux, dit Ignace. Il n'y a qu'un
seul Dieu, celui qui a créé le ciel, la terre et les mers. Le
Christ est le Fils unique de Dieu. Puissé-je le contempler
un jour, dans le royaume de sa gloire!

— De qui parles-tu encore? demanda Trajan. Est-ce de
ce supplicié que Ponce-Pilate a fait mourir sur une croix
en Jérusalem?

— Oui. Sur sa croix, Jésus a crucifié le péché et son
auteur; il a triomphé de toutes les erreurs et de toute la
perversité des démons! Il les a, pour jamais asservis au pouvoir de ceux qui portent le Christ dans leur cœur.

— Ainsi, dit Trajan, tu portes dans ton cœur un crucifié?

— Dieu lui-même l'affirme, dit Ignace, car il nous a
dit : « J'habiterai en eux et je marcherai au milieu d'eux. »
Trajan refusa de continuer la conversation et, sans
vouloir en entendre davantage, il prononça la sentence :

— Ignace qui prétend porter en soi le crucifié, sera mis
aux fers et conduit sous escorte à Rome pour y être exposé
aux bêtes dans l'amphithéâtre.

En entendant cette sentence, Ignace transfiguré, s'écria :

— Je vous rends grâces, mon Seigneur et mon Dieu qui

daignez enfin, couronner mon amour et me faire partager les chaînes de Pierre votre apôtre.

Puis, il pria pour son église, la recommandant à Dieu avec larmes et, comme une noble victime, se remit aux mains des soldats.

Ce fut dans ce sentiment d'ineffable allégresse et de sainte soif pour le 'martyre qu'Ignace fut conduit d'Antioche à Seleucie qui en était le port. Là il fut embarqué et, après une dure navigation, arriva à Smyrne où il fut reçu par l'évêque Polycarpe, comme lui disciple de Jean.

Ce fut là, que toutes les églises d'Asie lui envoyèrent des évêques et des prêtres pour recevoir ses dernières bénédictions.

Ignace les suppliait tous et Polycarpe en particulier, de lui obtenir de Dieu, la grâce d'achever son martyre, incessant objet de toutes ses pensées et de tous ses discours.

Il alla même jusqu'à prévoir le cas, où l'Eglise de Rome adresserait à Dieu des prières pour cet objet, et il résolut d'écrire aux fidèles pour les supplier de ne point le faire. Un messager diligent devait porter ses lettres au successeur de Pierre.

Sur ces entrefaites, le vaisseau qui le portait quitta Smyrne, car les soldats qui le conduisaient avaient hâte d'arriver à Rome pour le temps des jeux.

Il devait aborder à Troade, puis à Napoli de Thrace; là prendre la route de terre, passer par Philippes, traverser la Macédoine et l'Epire jusqu'au port d'Epidamne et s'embarquer de nouveau pour descendre la mer Adriatique par le golfe, entrer dans la mer Thyrrénienne et longer le littoral, en voyant défiler sous ses yeux les îles et les cités qui bordent ces rivages. Il devait voir Pouzzoles et désirer ardemment y débarquer afin de suivre, prisonnier comme le grand Apôtre, les pas de saint Paul, ce qui lui aurait valu la joie d'entrer à Rome par le même chemin.

Les matelots devaient, eux-mêmes, désirer suivre cette

route plus courte, mais un vent violent allait chasser le navire en pleine mer et déjouer leurs efforts.

Ignace perdait une légère consolation; mais, qu'était-elle en face du tableau qui se levait pour lui à l'Orient de ses plus ardentes aspirations changées maintenant en réalité prochaine. Les lions qui devaient le dévorer et dont l'image lui apparaissait là-bas, au premier plan d'une radieuse aurore, celle du soleil de Jésus-Christ dont les rayons embrasaient son cœur et transfiguraient son front.

III

— Mon fils, dit Philothée à Cœcilius, en marchant avec lui par un soir éclatant d'astres, le long de la via Aureliana, dans la douce atmosphère des champs embaumés et tranquilles, c'est avec bonheur que je t'ai vu recevoir et goûter mes enseignements et te tourner avec confiance vers les rayons de l'éternel soleil qui s'est levé en Jésus-Christ sur le monde. Sans doute, pour être un *fidèle* il te manque encore d'avoir reçu le baptême, et, tu le sais, le baptême ne se donne qu'à celui qui s'en est montré digne, non seulement par une instruction suffisante dans les éléments de la foi, mais encore par une conduite dégagée de tout reproche et aussi après une probation complète.

« Le temps n'est plus, en effet, déjà, où l'eau de la rénovation intégrale de l'homme en Jésus-Christ coulait sur toute tête, en laissant au Saint-Esprit le soin de n'amener que des âmes dignes à cette porte auguste de la sainteté.

» Aujourd'hui, l'expérience et la difficulté des temps ont obligé à faire un choix sévère pour éviter d'admettre dans l'Eglise des hommes indignes et incapables de comprendre la noblesse de leur nouvel état qui oblige à la vertu la plus pure.

» Si tu fusses passé par d'autres mains que les miennes, il t'eut fallu être compté d'abord au nombre des catéchumènes ou auditeurs, puis des prosternés et des compétents, ordres divers qui comportent une longue attente, un postulat non moins long pendant lesquels ceux qui veulent recevoir le titre de *fidèles*[1] doivent épuiser tous les préliminaires de l'instruction avant d'être admis à l'illumination par la vertu sainte du baptême régénérateur.

» Mais j'ai pris soin de te préparer, me servant pour cette œuvre, de l'intelligence rare que Dieu t'a donnée et de l'instruction profane elle-même que tu avais acquise. Et tu es chrétien déjà. »

— Et j'ai goûté tes enseignements avec joie, Philothée, s'écria Cœcilius, et je déclare que la lumière est, par ton ministère, descendue dans mon âme. Voici, en effet, que tu m'as fait entrevoir de grands mystères! Par toi, j'ai appris cette chose, qui me paraît maintenant de la plus grande évidence, qu'il n'y a qu'un seul Dieu et qu'il ne peut y avoir qu'un Dieu unique et que toutes les divinités qui pullulent dans le monde sont des créations de l'esprit humain qui avait besoin de diviniser toutes ses aspirations inférieures et surtout d'excuser ses vices.

— Bien, dit Philothée.

____

(1) Les *fidèles* étaient seulement ceux qui avaient reçu le baptême. Ce titre les distinguait des néophytes ou catéchumènes qui n'étaient pas encore jugés dignes de la régénération baptismale. Ceux-ci, néanmoins, s'ils avaient reçu l'imposition des mains et l'impression du signe de la croix, étaient appelés chrétiens.

(S. Ambr., l. I, *De sacramentis*, c. I.; S. Augustin, Traité XLIX sur S. Jean, c. IX.) Les fidèles avaient seuls le privilège de réciter l'oraison dominicale, d'assister aux instructions ayant pour objet les plus grands mystères de la religion; il n'y avait en ces matières pas de secrets pour eux. Ils se faisaient gloire de leur titre et on le mentionnait sur leurs tombeaux.

Quant au baptême, l'Eglise a toujours enseigné que le baptême de désir et celui du sang pouvaient remplacer le baptême d'eau. Par le fait même que le chrétien non baptisé encore mourait pour Jésus-Christ, il avait part au Royaume du Ciel.

— Tu m'as enseigné que Dieu, dans son essence, ne pouvait être pénétré par aucun des sens de l'homme, parce que Dieu est un pur esprit, c'est-à-dire qu'il n'a aucune espèce de forme, ni de figure, ni de couleur, parce qu'il est en dehors du temps et de l'espace et que rien de ce qui existe ne peut l'atteindre.

« Tu m'as dit, ensuite, que l'univers entier avait été façonné par Dieu et quand, l'esprit encore plein des fables grossières de la mythologie, je t'ai dit en souriant que, dans les temples des idoles on racontait des choses analogues, tu m'as dit qu'il y avait un fond de vérité dans ces fables, mais que, seuls, les initiés chrétiens possédaient la pleine lumière sur ces mystères et pouvaient en être pénétrés pleinement.

» Alors, tu m'as fait comprendre que les mystères devaient être souvent revêtus d'un voile sensible pour cacher leur auguste splendeur aux yeux trop faibles pour la contempler et pour être admis par les plus simples d'entre tous les hommes de bonne volonté.

» Et je me souviens, avec une joie sans cesse grandissante, des enseignements que tu m'as donnés sur ces mystères. »

— Répète-les, mon fils, dit Philothée.

— Tu m'as dit qu'un triple mystère couronnait la majesté du Dieu unique qui, sans cesser d'être un seul Dieu indivisible, infini, immuable et éternel était, cependant, le Dieu en trois personnes absolument consubstantielles ; que la première de ces trois personnes s'appelait le Père, la seconde le Fils et la troisième le Pneuma ou Esprit-Saint, et tu m'as promis de m'expliquer le secret de cette distinction qui, pourtant, ne divise pas l'unité du Dieu essentiellement indivisible. Achève donc de m'instruire, ô Philothée, car si je sens en moi le désir passionné de la lumière, je sais aussi que, sans toi, je ne suis que ténèbres.

— Volontiers, Cœcilius, dit le prêtre chrétien, mais, sache bien que je ne suis qu'un indigne instrument et que j'aurais beau t'éclairer, tu ne le serais pas réellement, si le souffle de Dieu ne passait en toi par la vertu de cette troisième personne de la Divinité indivisible, par le Saint-Esprit qui dispense la grâce et donne la sagesse, le conseil et la lumière à ceux qui ont le cœur assez pur pour le sentir souffler en eux.

« Ecoute donc et sache comprendre.

» Dieu seul est nécessaire, Cœcilius, il est la racine éternelle et le principe immuable de toutes choses.

» Tout ce qui existe parmi les choses que nous voyons et les innombrables choses que nous ne voyons pas, a Dieu pour auteur. C'est lui seul qui est la source de toute vie, de tout mouvement, de toute pensée ; voilà pourquoi notre vénérable frère Paul a pu dire que nous vivons en Dieu, que Dieu nous meut et que Dieu sustente notre être.[1]

» Lors donc que nous considérons Dieu comme l'auteur immuable de toutes choses, leur principe et leur source, nous appelons Dieu notre Père ; il est, en effet, le Père universel des êtres et des choses.

» Tu admires, Cœcilius, la mervellleuse variété qui règne dans l'univers visible et tu serais bien autrement étonné s'il t'était donné de contempler sans voiles le monde invisible qui renferme d'innombrables hiérarchies d'êtres aussi variés et plus réellement vivants que les êtres que nous voyons par nos yeux et qui ne sont, en quelque sorte, que les reflets obscurs des êtres lumineux et incorporels que nous ne voyons pas.

» Quelle langue, ô Cœcilius, comptera les degrés de cette immense échelle qui va du trône impénétrable du Père inaccessible à la plus infime des manifestations de sa puis-

---

[1] *In Deo vivimus, movemur et sunius.* (S. Paul.)

sance infinie, au moucheron qui bourdonne dans un rayon de soleil, au grain de sable que le flot des mers caresse des franges argentées de son écume sonore !

» C'est là, Cœcilius, le mystère de l'unité par laquelle tout ce qui existe se rattache à Dieu son auteur éternel, par laquelle, au moyen des puissances hiérarchiques que Dieu a établies et dont il dirige toutes les opérations, tous les êtres de l'univers entier visible et invisible, sont de Dieu, appartiennent à Dieu et doivent retourner à Dieu.

» Car Dieu est doublement le Père universel puisque, d'une part, il a donné la vie à tout ce qui existe et que, d'autre part, tout ce qui existe, n'existe que pour revenir à Dieu lorsqu'il rappellera tous les êtres à lui.

» As-tu compris que Dieu est seul nécessaire et qu'aucun être, ni aucune hiérarchie d'êtres n'existe que par lui, pour lui et en lui ? As-tu compris que, dès lors, nécessairement, Dieu est tellement supérieur à tout ce qui existe et qui a reçu la vie de lui que rien ne peut atteindre son inaccessible majesté, ni même se faire une idée juste de son infinie perfection ? As-tu compris que, dans ces conditions, le monde entier est, devant Dieu comme s'il n'était pas, parce que si Dieu venait à retirer du monde son esprit vivificateur, aussitôt le monde qui n'est que la manifestation sensible de la puissance ineffable de Dieu, s'évanouirait dans sa forme passagère et rentrerait dans le silence éternel du Père seul nécessaire. »

— O Platon ! s'écria Cœcilius, les yeux levés au ciel, ô sages et philosophes, que n'êtes-vous ici pour entendre ces merveilles !

— Mais, Cœcilius, continua Philothée, si Dieu crée et vivifie, Dieu conserve aussi et sa bonté ne se lasse pas d'appeler des êtres à la vie passagère parce que, par cette vie ils peuvent, si la grâce vient les éclairer, travailler à le connaître par la splendeur de ses œuvres, s'efforcer de l'aimer, de le servir et par ces moyens, mériter, en quittant cette existence fugitive, de vivre de la vie invisible et éternelle qui déborde de son cœur paternel.

» Jamais l'homme, ô Cœcilius, n'aurait pu, par lui-même, atteindre à la connaissance de la loi divine, si de Dieu à l'homme une immense hiérarchie d'êtres n'avait pas été établie par lui pour distribuer sur cette échelle incommensurable, les bienfaits de sa lumière et permettre à toutes les créatures de bonne volonté de s'en pénétrer avec le secours de la grâce.

» C'est ainsi que le monde invisible est plein d'êtres, que nous nommons des anges à des degrés divers parce qu'ils sont les messagers et les distributeurs de la lumière de Dieu. C'est ainsi que, parmi les hommes sanctifiés, ceux qui initient leurs frères moins avancés à l'amour de Dieu, aux moyens de le connaître, de le servir et d'aller à lui, peuvent aussi être appelés justement des anges de Dieu. »

— De sorte que tu es un ange, Philothée.

— Oui, Cœcilius, et toi-même pourras le devenir par la grâce de Dieu et des augustes mystères qui nous rattachent à Dieu, pendant que nous sommes sur la terre.

— Mais, Philothée, tu m'as dit qu'il y avait trois personnes en Dieu quoique Dieu soit essentiellement un. La deuxième de ces personnes distinctes quoique consubstantielles, est le Fils ; me sera-t-il permis de t'entendre continuer à me parler de ces choses sublimes ?

— Je continuerai, Cœcilius, parce que Dieu t'aime et veut t'éclaircir complètement.

« Sache donc que notre père Jean l'a enseigné aux Eglises. Quand Dieu, Père universel et ineffable de toutes choses visibles et invisibles a créé l'univers, il a accompli cette œuvre merveilleuse en faisant retentir sa parole puissante et cette parole, expression même de la pensée du Très-Haut, était son Verbe dont la vertu divine a fait éclore

les soleils et a semé de mondes brillants les espaces sans
autres limites que la volonté divine.

» Voilà pourquoi notre vénérable père Jean, apôtre, nous
a dit : « Dans le principe de Dieu était le Verbe, et le Verbe
était Dieu et Dieu était tout entier dans le Verbe. C'est par la
Parole de Dieu que toutes choses ont été faites et rien de ce
qui a été fait n'a été fait en dehors de la puissance de la parole
de Dieu. Le Verbe de Dieu, seul, possédait la vie en soi et la
vie était la lumière qui vivifie les hommes. »

» C'est donc par la puissance de sa Parole que Dieu a
manifesté son existence adorable et révélé sa majesté inaccessible. Voilà pourquoi la personne du Fils procède du
Père, mais voilà pourquoi aussi le Père et le Fils sont Un
dans la même et identique essence.

» Cœcilius, quand nous écoutons la voix de nos instincts,
nous nous éloignons de Dieu et de son adorable loi, nous
élevons entre Dieu et nous un mur épais qui nous empêche
de participer aux bienfaits de sa lumière pénétrante et nous
produisons alors en nous cette ombre qui est le mal ; mais,
quand, instruits dans la loi divine, nous nous humilions
devant Dieu, quand nous confessons que sans la lumière de
Dieu nous ne sommes que ténèbres et péché, quand nous
faisons acte d'amour complet envers Dieu parce que nous
reconnaissons qu'il est notre Père et que c'est sa parole qui
nous a donné la vie, quand nous aspirons à ne vivre que
pour lui et en lui comme nous ne vivons que par lui, alors,
notre âme est ouverte à la grâce suave du Saint-Esprit,
troisième personne divine par laquelle les âmes purifiées
sont inondées de la lumière de Dieu et ramenées invinciblement à lui malgré tous les efforts des puissances des
ténèbres.

» Voilà pourquoi, Cœcilius, le Saint-Esprit procède du
Père et du Fils et ne fait avec eux qu'une seule, unique et
adorable substance. »

— Ah! Philothée, s'écria Cœcilius, je commence à comprendre les martyrs!

— Et maintenant Cœcilius, continua Philothée, tu peux te faire une idée de l'immense bonté de Dieu envers nous et. l'adorer, comme il mérite de l'être pour nous avoir non seulement créés, non seulement conservés malgré la faute de notre premier père envers lui, mais encore promis et donné son propre Fils pour être notre Sauveur et notre Rédempteur.

« Oui, mon fils bien-aimé, comme je te l'ai déjà dit, naguère, lorsque je jetais dans ton âme les premières semences de la Foi, notre ancêtre à tous, Adam, ce premier homme égal aux anges et en qui nous étions tous, a oublié, un instant, l'obéissance qu'il devait à Dieu son créateur et son père, à l'instigation d'Eve sa compagne et notre première mère; il a cru pouvoir exercer sa volonté en dehors de la loi et de la volonté de Dieu, et, soudain, son péché lui ayant ouvert les yeux, il a vu avec douleur qu'il avait été séduit par l'attrait qui nous pousse à user de notre liberté sans tenir compte des lois établies par Dieu et en dehors desquelles il n'y a qu'ombre, mort et néant, et il a vu aussitôt, mais, trop tard, hélas! que désormais il s'était séparé de l'existence heureuse qu'il goûtait en conformité absolue avec la loi de Dieu.

» Désormais, son existence, changée, devait en le mettant hors de ce paradis où son bonheur était de vivre sans autre désir que celui de se conformer à la loi de Dieu, l'exposer à toutes les vicissitudes et à toutes les douleurs que subissent ceux qui, au lieu de suivre la route tracée, s'aventurent dans les bois et les montagnes sauvages où ils se perdent et rencontrent toutes sortes d'ennemis, d'embûches et de dangers.

» Un voyageur qui s'égare dans de telles conditions, Cœcilius, non seulement retarde la fin de son voyage mais risque encore de ne jamais atteindre son but.

» Il en fut ainsi de l'homme, tombé, par sa faute, d'un état heureux et sans nuages, dans les vicissitudes d'une pénible existence des ombres de laquelle Dieu seul pouvait le tirer, par un miracle de son amour, afin de le ramener à Lui. »

— Comment est-il donc tombé! s'écria Cœcilius.

— Il était libre, dit Philothée, Dieu l'avait ainsi créé afin que son obéissance fût un mérite et non une contrainte ou une passivité inconsciente. Et c'est en usant mal de sa liberté qu'il s'est perdu et nous tous qui étions en lui.

« Après sa chute, Cœcilius, l'homme est resté libre, non seulement parce que Dieu est bon, mais parce qu'il est juste et que, de même que l'homme s'est éloigné de lui par le mauvais usage de sa liberté, c'est par le bon usage de cette même liberté qu'il peut et doit regagner le paradis perdu!

» Or, c'est par l'exercice de sa faculté libre de vouloir que l'homme peut travailler à son salut ou consommer sa perte; voilà pourquoi, Cœcilius, lorsque les temps ont été accomplis, lorsque le Verbe de Dieu s'est incarné dans notre nature humaine pour habiter parmi nous et opérer l'œuvre divine de notre Rédemption, pendant que s'accomplissait ce grand et ineffable mystère, le ciel était plein de bruissements d'ailes angéliques et de voix suaves qui chantaient : « La paix de l'Eternel descend de l'ineffable! Gloire à l'Inaccessible et paix aux hommes de bonne volonté! »

» Par ces paroles du Ciel, tu peux mesurer l'abîme qui sépare Dieu de l'homme déchu et connaître la voie qui peut nous retirer du gouffre et nous ramener au Père : *La bonne volonté.*

» Dieu pouvait-il nous demander moins, Cœcilius? Et qu'y a-t-il, en vérité, de plus simple que la bonne volonté?

» Voilà pourquoi le salut est aux humbles, aux pauvres, aux doux, à tous ceux qui souffrent et qui pleurent parce que partout où il y a peu des biens de la terre, le désir des biens du ciel peut germer et fructifier si l'orgueil et l'envie n'ont

pas élu domicile dans le cœur de ceux qui ne possèdent pas.
Quant à ceux qui possèdent, la voie est plus rude pour eux
car, si la bonne volonté seule est demandée aux premiers,
le renoncement doit être le premier pas des seconds. »

— Je t'entends, Philothée, dit Cœcilius après une
réflexion d'un instant. De sorte que moi qui puis passer pour
favorisé de quelques biens, je dois avant tout y renoncer
afin que ma bonne volonté soit agréable à Dieu.

— Oui, Cœcilius, le doute, en ces matières, n'est pas
permis. Le Royaume des Cieux est la patrie des essences
spirituelles c'est-à-dire dégagées de tout leur poids terrestre,
il est aussi impossible à celui qui n'est pas prêt à renoncer à
tout ce qui est de la terre d'entrer dans le royaume des cieux
qu'il est impossible à l'eau contenue dans une amphore de
s'élever dans l'air dans sa forme liquide et avec son vase. Au
contraire, si l'eau se laisse réduire en vapeur par le soleil,
elle montera dans les nues, sous forme de vapeur légère ; ce
sera toujours de l'eau, mais distillée, subtile et débarrassée
du double poids qui la rivait au sol : son amphore et sa forme
liquide. Il en est ainsi de nous, par analogie. Pareils à de
l'essence de soleil que la vie aurait momentanément fixée
dans un arbre, nous devons retourner à Dieu. Quand le feu
de son saint amour nous aura consumés et purifiés pour la
vie éternelle, simple et incorruptible.

— Voilà d'admirables raisons qu'on ne donne ni à l'Académie ni au Portique ! Je comprends parfaitement l'analogie
et je saisis très bien ce que tu veux me dire. Mais, Philothée,
dis-moi, d'après ce que tu viens de m'exposer, si je t'ai bien
compris, Dieu ne peut être vu par personne ?

— C'est vrai, et notre père Jean a eu soin de nous le
dire. « Personne n'a jamais vu Dieu.[1] » Et cela se comprend
puisque Dieu, dans son essence, n'est absolument rien de

____

(1) Evangile selon S. Jean, ch. i, ỹ. 18.

ce qui tombe sous les sens et qu'il n'est absolument rien non plus de ce qui peut se concevoir par l'entendement,[1] qu'on ne peut lui donner aucun nom ni aucune désignation propres et qu'il est si pleinement indépendant de tout ce qui existe qu'il surpasse toute affirmation comme il ne peut être atteint par aucune négation.[2]

« Mais, si Dieu est inaccessible dans sa paternelle splendeur, son Verbe, Jésus-Christ Notre-Seigneur qui s'est incarné pour nous racheter est le pontife éternel qui le manifeste et sert de divin médiateur entre l'Ineffable et ses créatures, parce que, comme notre père Jean nous l'a enseigné, c'est le Verbe qui a manifesté Dieu dans le monde depuis le principe des choses et c'est le Verbe qui s'est fait chair après que les temps ont été accomplis, afin qu'en le voyant pendant un peu de temps semblable à nous, nous croyions en sa parole et en ses œuvres et que nous nous pénétrions bien de cette vérité qu'il a mise en pratique par sa mort sur la croix, que c'est seulement en sacrifiant tout à l'amour de Dieu et de nos frères, que nous pourrons nous relever de la condamnation encourue par notre premier père Adam.

— Comment donc, Philothée, pendant tant de siècles, l'homme a-t-il été ainsi abandonné par la miséricorde de Dieu, que c'est notre temps seul qui en a ressenti les effets ?

— Détrompe-toi, Dieu n'a jamais abandonné l'homme. Depuis le jour où les portes de l'Eden se refermèrent, Dieu n'a cessé, au contraire, de témoigner à l'homme son amour, et l'homme en a toujours senti les effets bienfaisants.

« Notre bien-aimé frère Dyonisius qui avait entendu la voix de notre père Paul annonçant Jésus-Christ devant l'Aréopage d'Athènes dont il était un des membres les plus distingués par sa science profonde dans la philosophie, après

(1) S. Denys l'Aréopagyte. *Théologie mystique.*
(2) Qr. S. Th. P. 1, q. 12 a. 12.

avoir embrassé notre foi et reçu des lumières supérieures sur nos sacrés mystères, nous a confié des livres écrits par lui et dans lesquels la science de Dieu exposée d'une manière admirable, répond à toutes les questions.

» Dans son sublime livre de la hiérarchie céleste, il nous enseigne que, de tout temps, Dieu s'est communiqué non seulement à toutes les créatures angéliques dans leurs différents ordres, mais encore à tout homme de bonne volonté.

» Assurément, nous dit-il, Dieu ne s'est jamais manifesté dans la pureté de son essence, comme Jean lui-même nous l'a dit aussi, mais toujours sous le voile des symboles créés et par l'entremise des êtres supérieurs qui ont pour incessante mission de travailler à éclairer les êtres inférieurs. C'est ainsi que le mystère de l'incarnation du Verbe divin fut annoncé d'abord aux hommes par les anges et que, pendant tout le cours de sa vie mortelle, Notre-Seigneur Jésus-Christ, lui-même, qui, cependant, était le Fils de Dieu, reçut les prescriptions de son Père par le ministère des saints anges.[1] »

— L'homme a donc toujours été à même de sentir l'influence divine en lui, Philothée?

— Oui, Cœcilius, notre frère Dyonisius n'a pas omis de nous le dire; si, dans le monde universel terrestre, il semble que les patriarches et Israël furent seuls choisis par Dieu pour le connaître, l'aimer et le servir, en réalité, tous les hommes indistinctement et en tout temps auraient pu, s'ils l'eussent voulu, jouir des mêmes prérogatives saintes.

« Mais, ils se sont enfoncés dans leur égoïsme et leurs instincts et ils sont sortis ainsi, pour la plupart, de la voie de Dieu, pour tomber dans le culte honteux des divinités mensongères.

» Israël, lui-même, a subi plusieurs fois ce néfaste entraînement comme l'a exprimé le prophète Osée lorsqu'il lui a

____

(1) S. Denys l'Aréopagyte. *Hiérarchie céleste*, ch. iv.

dit : « Tu as rejeté la connaissance de Dieu et tu es allé à la suite des passions de ton cœur.[1] »

» La fatalité, en effet, ne domine pas notre vie, nous gardons les prérogatives de notre libre arbitre et la Providence veille également sur tous.

» Seulement, en raison de l'inégalité que présentent les différents esprits, ou bien ils ne participent nullement, par suite d'une triste résistance, à l'effusion des splendeurs célestes, ou bien le rayon divin, malgré son unité, sa simplicité parfaite, son immutabilité et sa plénitude, leur est communiqué en des proportions diverses avec plus ou moins d'abondance et de clarté.

» L'unique principe de toutes choses régit, en effet, toutes les nations et l'ange gardien de chacune d'elles entraîne vers la vérité souveraine les hommes de bonne volonté.

» Cependant, parmi l'infidélité générale, cette même et unique Providence commit à la garde des enfants de Jacob, plus dociles à son influence, le salut futur de tous les hommes et le trésor des saintes lumières de la connaissance du Très-Haut.

» Et ce fut ainsi que, comme le disent les saintes Lettres : « Israël est devenu la portion du Seigneur.[2] »

» Son ange gardien fut Michaël;[3] il fut son guide sacré spécialement missionné par Dieu. « Voici l'expression de la vérité, — a dit Daniel le prophète, au nom de Dieu, — je n'ai pas, vis à vis de vous, d'autre représentant que Michaël. »

» Dieu avait donc confié Israël à un ange pour apprendre, sous sa conduite, à connaître le principe unique de toutes choses, et, tant qu'Israël a été docile, il a marché dans un feu roulant de prodiges.

» Ainsi, chacune des nations eut pu marcher vers la

(1) Osée 4. — (2) Deutéronome, xxxii. — (3) Daniel, x, 21.

splendeur de Dieu, si elles eussent écouté la voix de leur ange initiateur et guide vers la vérité divine.

» Et chacun de ces anges[1] eut été leur Dieu en quelque sorte, parce qu'ils eussent manifesté Dieu à leur foi et à leur amour; parce que la créature, quelle soit purement spirituelle ou simplement raisonnable, lorsqu'elle aspire ardemment à s'unir à Dieu son principe, appelle de toutes ses forces les lumières célestes et parvient à s'unir à Dieu dans toute sa volonté et dans toute l'harmonie de sa loi et peut recevoir glorieusement le nom de Dieu.[2] »

— Qui donc osera dire après cela, Philothée, s'écria Cœcilius, que les chrétiens sont des êtres grossiers et cruels voués aux plus honteuses superstitions !

— Les ignorants, Cœcilius, les gens de mauvaise foi, ceux qui sont aveuglés par leurs passions.

— Mais, dis-moi, n'est-ce pas par un privilège spécial que j'entends ces mystères de ta bouche, parce que tu as vu mon esprit avide de savoir et d'appuyer sa foi sur l'intelligence?

— Il est vrai, Cœcilius, répondit le prêtre chrétien que ces mystères[3] sont soigneusement cachés à beaucoup d'entre

(1) Les anges dont il est question ici et que l'imagination des peintres a revêtus de toutes sortes de formes et d'attributs, ne sont pas, est-il besoin de le dire, des personnes isolées et individuelles, ce sont d'immenses collectivités d'êtres purs vivant dans la loi adorable du règne de Dieu et préposées par Dieu à gouverner les mondes de l'univers et à ramener à Lui toutes les âmes qui brûlent du pur amour du Père céleste. C'est ainsi que le prophète Ezéchiël représente les états angéliques comme des roues immenses étincelantes de myriades d'yeux enflammés et bruissantes d'innombrables ailes (Ezéchiël, ch. x) pleines de visages et portant les signes de tout ce qui existe de bon dans les mondes qu'ils gouvernent. C'est ainsi aussi que Michaël l'ange d'Israël selon Daniel (x. 21) est signalé dans le Deutéronome (chap. xxxiii, ỳ. 2) comme étant une immense collectivité d'élus et de saints. « Le Seigneur, a dit Moïse, s'est manifesté sur le Sinaï et a fait se lever pour nous sa puissance de Seïr par des milliers de saints. »

(2) S. Denys l'Aréopagite. *De la Hiérarchie céleste.* (Passim.)

(3) La discipline du secret qui commençait, alors, à être en vigueur dans l'Eglise avait pour but de tenir soigneusement caché aux païens et à tous ceux qui n'étaient

eux, et que, du reste, leur connaissance n'est pas indispensable pour être sauvé. Il suffit d'accomplir le précepte que notre Maître et Seigneur Jésus-Christ nous a indiqué comme fondamental et qui résume tout. « Aimez Dieu par dessus toutes choses, de tout votre esprit, de toute votre âme, de toutes vos forces et votre prochain comme vous-mêmes. »

« Il est vrai aussi, que tous ne peuvent aborder des méditations à la hauteur desquelles ne se sont jamais élevés les plus grands philosophes ; aussi, cette nourriture est-elle pour ceux qui peuvent la supporter.

» Comme notre père Paul l'a dit, à ceux qui ne peuvent prendre de la nourriture solide il faut donner du lait comme aux enfants et voilà pourquoi beaucoup de fidèles pratiquent la loi du Seigneur Jésus avec une simplicité d'esprit qui peut passer pour de l'ignorance, mais il n'en est pas un qui ne sache les conclusions nécessaires de la théologie et n'y conforme exactement sa vie sous la conduite des pasteurs qui sont missionnés pour distribuer à chacun la nourriture spirituelle que réclament ses forces et qu'il peut supporter.

» Cependant, lorsque tu seras un *fidèle* et que tu auras le droit de prendre ta part des enseignements divins, si ton esprit a des ailes, tu pourras t'élever, dans la méditation et la science des mystères jusqu'aux plus sublimes hauteurs, aux altitudes d'où la terre et la vie ne semblent plus qu'un nuage et un rêve dont on aspire à sortir et à se réveiller définitivement et pour toujours.

pas initiés, tout ce qui regardait les mystères divins et leur philosophie. On ne soulevait le voile que pour les initiés, et encore parmi ceux-ci pour les seuls capables, par leur pureté de cœur et les dons du Saint-Esprit qui brillaient en eux, de recevoir cette nourriture des forts. Aussi les écrits des Pères sont-ils pleins de recommandations touchant ce secret à garder et saint Denys l'Aréopagite lui-même, l'un des plus sublimes parmi les premiers théologiens, recommanda-t-il expressément, après avoir écrit ses livres admirables, de les tenir le plus rigoureusement possible cachés aux profanes et aux tièdes.

» Pour celui qui est dévoré des désirs de Dieu, l'Eglise dispense les plus riches trésors de la connaissance, celle-là même dont notre père Paul engageait si vivement tous les fidèles à demander le don au Saint-Esprit.

» Or, cette connaissance des choses célestes qui fait les fidèles et les martyrs, a trois degrés ; le premier s'appelle, initiation, le second illumination et le troisième perfection.

» Tu graviras ces trois degrés, je l'espère, Cœcilius, car je veux, avec la grâce divine, que tu sois un fort, et que si je m'en vais, moissonné par la tempête, heureux épi coupé pour la gerbe glorieuse des martyrs, je laisse, au moins, sur la terre, en toi, un vivant témoignage de mon amour apostolique ; je veux pouvoir dire à Jésus-Christ notre Maître et notre Sauveur : Seigneur, je vous ai enfanté un fils, par le secours de votre grâce et dans la splendeur de votre amour.

» Mais l'heure s'avance, Cœcilius, et, pour ce soir, j'ai fait assez de lumière dans ton âme, nous voici revenus aux portes de Rome, rentrons dans la ville, nous marcherons encore ensemble, car nous suivons le même chemin. »

Ils passèrent devant la sentinelle qui était à son poste tandis que ses camarades jouaient et buvaient.

Derrière eux une ombre se faufila qui les suivait à distance avec un grand soin de ne pas se montrer hors des ombres que projetaient largement les objets. Mais, tout entiers à leur conversation, ils ne s'en souciaient pas.

— Quand cette promenade finira-t-elle ? murmura l'ombre avec impatience ; par Pluton ! je veux ne jamais passer le Styx dans la barque de Charon, être privé de sépulture et jeté avec les cadavres d'animaux après ma mort dans le cloaca Maxima, si j'ai pu comprendre un traître mot à tout ce qu'ils ont dit entre eux ce soir. Il est vrai que la distance respectueuse à laquelle j'ai sans cesse été obligé de me tenir, par prudence, ne me permettait guère de saisir que les rares lambeaux de phrases que m'apportait le vent.

Et, avec un ricanement, l'ombre ajouta :

— Philothée et Cœcilius! ah! maintenant on est prudent, on ne laisse plus traîner au jardin des discours de Démosthènes mystérieusement donnés comme contenant le secret des chrétiens, on passe consciencieusement le temps des leçons à enseigner et à étudier le grec; mais on se rattrappe après, hors de la maison. Gare aux jeux, Philothée!

Maintenant, les deux hommes se taisaient, Philothée méditait, sans doute, sur tout ce qu'il avait dit et Cœcilius sur ce qu'il avait entendu.

Ce fut ainsi qu'ils cheminèrent jusqu'à la demeure de Philothée. Là, ils s'arrêtèrent, un instant, comme deux amis qui sont sur le point de se quitter à regret.

L'ombre s'arrêta aussi, s'approchant insidieusement comme un serpent pour tâcher de saisir, au moins, les derniers mots.

— Ainsi, Philothée, dit Cœcilius, demain je ne te verrai pas à la maison de mon père.

— Non, car mon ministère m'appellera ailleurs, répondit le prêtre, mais, trouve-toi demain soir, à l'heure où tu es venu me trouver aujourd'hui, au Vatican, tu me rencontreras à l'entrée du cimetière. La paix soit avec toi.

— Et avec ton esprit, répondit Cœcilius, à demain. Vale.

— Cela me suffit, dit l'ombre, l'oreille aux aguets. Et, vivement, elle s'éloigna dans la crainte d'être reconnue.

Cœcilius prenait la direction du Champ de Mars. Un homme marchait tranquillement devant lui.

Une litière passa accompagnée de flambeaux qui jetèrent un vif et passager éclat. Cœcilius regarda l'homme et reconnut Aper l'affranchi du préteur Cestius Metellus.

IV

L'ASSEMBLÉE CHRÉTIENNE.

Les jeux de l'amphithéâtre étaient proches et si, dans cet intervalle les corps des martyrs arrivaient en moins grand nombre dans les nécropoles chrétiennes, en revanche, les prisons étaient pleines de chrétiens qui attendaient, dans la prière, le jour et l'heure du dernier combat.

Le bruit s'était répandu parmi les fidèles de Rome que l'évêque d'Antioche condamné aux bêtes par Trajan, allait venir à Rome pour trouver le martyre dans l'arène de l'amphithéâtre Flavien et la consternation, à cette nouvelle, était grande.

Ignace, en effet, était connu comme un des plus ardents et des plus sages parmi les serviteurs de Jésus-Christ, un des plus dignes d'occuper ce siège illustré par Pierre, le premier Apôtre, et un véritable deuil frappait l'église de Rome dans une douleur que la joie de compter en plus un grand saint ne parvenait pas à balancer.

De toutes parts, une même voix se fit entendre unanime et angoissée.

— Il faut sauver Ignace ! Il faut conserver Théophore à l'Eglise terrestre de Jésus-Christ !

— Comment?

— Par tous les moyens, divins et humains.

Le pape Evariste était ardemment supplié de mettre tout en œuvre pour atteindre ce but, et, lui-même, faisait les vœux les plus ardents pour que le désir de l'église de Rome fût exaucé au ciel et sur la terre.

Il n'était pas impossible, en effet, d'obtenir ce miracle. Dieu qui sonde les reins et les cœurs peut, à la prière de ses saints, changer le cœur des hommes et faire naître, tout à coup, dans un cœur de bourreau des sentiments d'agneau.

Aussi, de nombreux tabellarii avaient-ils parcouru tous les titres de Rome pour faire savoir aux fidèles de Jésus-Christ qu'une grande réunion se tiendrait, pour cet objet, dans le cimetière du vatican et pour inviter tous ceux qui, par leurs relations, pouvaient travailler à sauver Ignace, à s'y trouver exactement, dans la charité de Jésus-Christ et pour le saint amour de l'Eglise.

De bonne heure, les sentiers du vatican furent remplis de passants furtifs glissant comme des ombres dans les premières brumes du crépuscule.

Cœcilius n'était pas sorti de la journée, il n'avait manifesté aucun désir et, cependant, il avait, sans cesse, rencontré sur ses pas un serviteur obséquieusement empressé à prendre ses ordres et à épier le moindre de ses désirs.

C'était Aper, qui, d'affranchi et d'intendant de la maison du préteur Metellus, qu'il était, semblait se complaire à reprendre, tout à coup, son rôle d'esclave soumis et attentif au moindre des caprices du maître.

Peut-être avait-il pour cela des raisons particulières et concluantes.

Cœcilius ne comprenait rien à ces allures inusitées et, sans ouvrir son âme à aucun soupçon, ne laissait pas, pourtant, d'en ressentir une certaine impatience.

Cependant, quoiqu'il eut pu sèchement renvoyer l'intendant à d'autres affaires, il se borna à songer :

— Le pauvre garçon ! quelle peut bien être la cause de tant de soins ? sans doute, il aura commis quelque faute qu'il désire se faire pardonner d'avance ou, peut-être, a-t-il à obtenir de mon père une faveur par mon entremise.

Mais Aper avait un autre but. Il ne voulait pas manquer Cœcilius, à l'heure de son départ pour le Vatican.

Il fut satisfait car, bientôt, il vit le fils du préteur se draper dans un large pallium et sortir par la petite porte de la villa donnant sur les jardins de Salluste.

Aussitôt, il sortit à son tour, par la porte de l'atrium et pût voir comme il l'avait prévu, Cœcilius gagner, par des détours, la via Flaminia, revenir sur ses pas en contournant le mausolée d'Auguste et s'engager dans le Champ de Mars.

Il le suivit à distance à travers les galeries, traversa après lui le Tibre au pont de Néron et, toujours à sa suite, gravit les sentiers du vatican jusqu'au prœdium de Lucine.

En sa qualité d'ancien catéchumène, il se souvenait des lieux et il lui fut facile de pénétrer avec quelques ruses dans l'enclos.

Il descendit avec le groupe en compagnie duquel il était entré, les rapides degrés de la catacombe éclairés faiblement par des lampes accrochées au mur, de distance en distance.

Cependant, il avait perdu de vue celui qu'il suivait avec persévérance.

— Je le retrouverai, pensa-t-il, et il me sera facile de le distinguer lorsque l'éclairage sera un peu moins sobre.

Quoiqu'il connût déjà les lieux, il ne laissait pas, toutefois, d'être impressionné quelque peu par leur sombre et terrible grandeur.

L'atmosphère de la catacombe, le mystère de ces longs corridors tapissés de tombeaux jetait en lui un froid qui le saisissait jusqu'aux os et ses yeux ne pouvaient se détacher de ces murs aux innombrables cases sur les clôtures desquelles, incessamment, il rencontrait les mêmes emblèmes funéraires quoique pleins d'une touchante et pure poésie.

Laconiques, les inscriptions se succédaient :

« Déposé en paix. Endormi dans le Seigneur. Retiré de ce monde. Endormi dans la paix. Dors en paix. Vis en paix. » Des emblèmes accompagnaient chaque inscription. Les uns représentaient les instruments de la profession du défunt ; d'autres relataient en figure les objets ayant servi à son martyre. Ici, des monogrammes, là des ancres, des poissons, des colombes, des serpents, des palmes, des navires, des filets de pêche....

Et des pièces de monnaie jetant çà et là une étincelle métallique, et des fioles de verre encastrées comme elles, dans le ciment, faisant voir à travers leurs parois irisées par le feu, le ton pourpre du sang recueilli le jour du martyre.

Quelques peintures attiraient ses regards, décorant des pans de mur ou colorant l'ombre des enfoncements et des arcosolia.

Figures de saints et de martyrs dont on voulait laisser subsister les traits pour la piété ou l'histoire ; scènes d'apparences mythologiques dont les initiés seuls, trouvaient le sens chrétien.

Peintures peu regardées, d'ailleurs, par les habitués du lieu qui les connaissaient et que, lui-même, n'osait détailler trop visiblement dans la crainte de faire remarquer sa curiosité. Du reste, il ne voyait dans les unes que des ébauches grossières de choses dont le sens lui échappait et dans les autres que des représentations de la fable et de la mythologie fort mal traitées par des artistes ignorant, les secrets du grand art qui décorait les somptueux palais des Césars et les riches villas patriciennes de chefs-d'œuvre autrement intéressants pour lui par la mollesse des scènes et le licencieux des sujets.

Le pontife brisa le cachet, parcourant rapidement quelques passages
et ne put retenir ses larmes. (P. 111.)

Cependant, la foule se pressait vers un vaste espace brillamment éclairé, formé par un grand carrefour, à l'intersection de plusieurs vestibules, et aménagé en église.

Là, la fade odeur du sépulcre mêlée aux relents des lampes dans les corridors mal ventilés, était victorieusement combattue par le parfum subtil et suave de l'encens.

Néanmoins, les privilégiés seuls, c'est-à-dire les pontifes et ceux qui étaient décorés d'un caractère ecclésiastique entraient dans l'église dont l'espace ne pouvait contenir plus d'une centaine de personnes sans détriment pour les cérémonies et leur libre exercice.

Le reste des fidèles et des catéchumènes se tenaient dans les abords, plus larges que les passages ordinaires.

Aper reconnut l'église qu'il avait déjà vue, jadis, lorsqu'il avait cru si grossièrement trouver dans la foi la réalisation de tous ses appétits terrestres.

Aucune peinture ne décorait les murailles ni les voûtes beaucoup plus élevées que celles des corridors et percées à leur centre d'un luminarium destiné à donner de la clarté pendant le jour et de l'air en tout temps.

Il reconnut le chœur ou presbytère, avec son autel pour la célébration de la sainte liturgie.

Au fond, un arcosolium contenait la chaire du pontife, entourée de sièges pour les prêtres et les diacres qui l'assistaient dans la célébration des mystères.

Ces sièges, taillés dans la paroi, étaient eux-mêmes des tombeaux dans lesquels reposaient des martyrs.

Quelques colonnes étaient placées de distance en distance, moins pour soutenir la voûte que pour servir de séparation entre diverses classes de fidèles.

Le plus religieux silence planait sur l'assemblée.

Bientôt, un mouvement se fit dans l'église et le souverain pontife, entouré des prêtres et des diacres, vint prendre place sur son siège.

— Mes frères, dit-il, que le Seigneur nous soit en aide!

— Le Seigneur qui a fait le ciel et la terre! répondit le chœur des fidèles.

Alors, la liturgie psalmodique commença, exécutée à deux chœurs qui chantaient alternativement un verset.[1]

Quand elle fut terminée, le souverain pontife se leva de son siège et, levant les mains au ciel, répéta :

— Que notre aide nous vienne du Seigneur!

Et le peuple répondit tout d'une voix :

— Qui a fait le ciel et la terre!

Alors l'évêque de Rome prononça les paroles de la bénédiction :

— Que la grâce de Notre-Seigneur Jésus-Christ, la charité de Dieu le Père et la communication de l'Esprit-Saint soient avec vous tous. *Amen!*

Et, dans un religieux silence, il s'apprêtait à parler, lorsque, franchissant le presbytère, un diacre vint lui parler à l'oreille.

— Mes frères, dit le pontife, j'allais vous exposer que notre frère Ignace, évêque d'Antioche, étant sur le point d'arriver à Rome pour y répandre son sang pour Jésus-Christ, le grand besoin que l'Eglise a de lui nous faisait un devoir de demander au Ciel sa conservation et de prier nos frères qui ont des relations et des influences dans la société patricienne, de se dévouer pour obtenir sa grâce, mais, voici que notre frère Deogratias, diacre en la sainte

---

(1) Dès l'origine de l'Eglise, les chrétiens récitèrent les psaumes de David dans leurs réunions avant la liturgie du sacrifice. Cette pratique est d'institution apostolique. Les *Constitutions apostoliques* prescrivent des prières consistant surtout dans cette récitation *mane, tertia, sexta, nona diei hora, vespere et ad galli cantum,* c'est-à-dire le matin, à la troisième, sixième, neuvième heure du jour, au soir et au chant du coq. Nous retrouvons cet usage dans la récitation des heures du bréviaire. Les psaumes étaient fixés dans la mémoire de tous, même laïcs, et ce ne fut qu'au huitième siècle que les fidèles laissèrent cet usage pieux aux prêtres. (Martigny. *Antiquités chrétiennes.*)

Eglise, m'informe qu'Ignace lui-même va vous parler par une lettre que des Ephésiens, tabellarii fidèles qui ont eu le bonheur de l'approcher à Smyrne, se sont chargés d'apporter. Je bornerai donc là mon discours en attendant que nous ayons pris connaissance de ces lettres.

Cependant, Deogratias s'était retiré.

Bientôt, il revint, apportant un rouleau de vellum entouré de fils rouges et scellé d'un cachet de cire.

Le pontife brisa le cachet, parcourut rapidement quelques passages et ne put retenir ses larmes.

Toute l'assemblée les buvait des yeux avec angoisse, avide d'entendre la parole d'Ignace.

Alors, le pape Evariste s'assit sur la chaire pendant que tout le clergé l'imitait et, d'une voix tremblante d'émotion il lût, dans le plus complet silence, la lettre d'Ignace conçue en ces termes.[1]

---

(1) Les actes du martyre de saint Ignace ne sont pas contemporains quoique rédigés d'après des documents de valeur. Ils sont moins sûrs que les sept lettres de saint Ignace aux Ephésiens, aux Magnésiens, aux Tralliens, aux Philadelphiens, aux Romains et à Polycarpe, qui sont d'une authenticité certaine. L'épître aux Romains est la plus célèbre et l'antiquité n'offre rien de plus beau que cette lettre admirable.

V

LA LETTRE DE THÉOPHORE ET L'ANATHÈME.

« Ignace, surnommé Théophore, à l'Eglise riche des
miséricordes reçues de la magnificence du Père et de Jésus-
Christ, son Fils unique, à l'Eglise, foyer de charité et de
lumière par la volonté de celui qui veut tout ce qui est conforme à la charité de Jésus-Christ, notre Dieu, à l'*Eglise qui
préside à l'universalité des assemblées fidèles, dans la capitale de l'empire romain,* Eglise digne de Dieu, Eglise chaste
et bienheureuse.

» Salut au nom de Jésus-Christ Fils du Père !

» Je crois avoir obtenu de Dieu par mes prières, le
bonheur de vous voir, vous si dignes de le voir lui-même.
Enchaîné pour Jésus-Christ, j'espère vous saluer bientôt si
telle est la volonté du Seigneur et s'il m'accorde la grâce
d'arriver au terme tant désiré. Le début jusqu'ici m'est
favorable. Puisse rien ne faire obstacle à mon bonheur !
» Je crains que votre charité pour moi me soit
funeste, car il vous est facile d'obtenir ce que vous
demandez, et, à moi, il me serait difficile d'arriver à mon

Dieu si votre tendresse persistait à me sauver aujourd'hui.

» Ce n'est point d'un amour humain que je vous aime, c'est en Dieu qu'est mon amour comme y est le vôtre. Or je ne puis trouver une pareille occasion d'entrer en possession de mon Dieu et vous aussi, vous ne sauriez vous associer à une meilleure œuvre.

» Cessez donc de prier dans un but opposé à mes désirs. Si vous gardez le silence, je serai à Dieu; si vous m'aimez selon la chair, il me faudra, de nouveau, reprendre ma course. Ne m'accordez rien de plus, souffrez que je sois immolé à Dieu pendant que l'autel est prêt.

» Alors, dans votre charité, vous chanterez en chœur un hymne au Père et à Jésus-Christ son Fils, rendant grâces au Seigneur et le remerciant d'avoir couronné l'évêque de Syrie, et de l'avoir appelé d'Orient en Occident pour y consommer son martyre.

» Il est bon de mourir pour Dieu afin de renaître en lui. On ne vous vit jamais porter envie à personne, vous avez toujours prodigué votre enseignement aux autres. Je veux donc que vous restiez envers moi, fidèles à vos leçons et à votre pratique constante. Demandez pour moi la force intérieure et extérieure, afin que je ne parle pas seulement mais que je veuille, chrétien et de nom et de fait.

» C'est par l'épreuve que je mériterai ce beau nom de chrétien; on aura le droit de m'appeler « fidèle » quand j'aurai disparu de ce monde.

» Rien de ce qui se voit ici-bas n'est éternel. Notre Dieu lui-même, Jésus-Christ, ne s'est jamais manifesté davantage que depuis qu'il est retourné à son Père. Le christianisme n'est pas seulement une œuvre de silence, il est aussi une œuvre de force et de magnanimité.

» J'écris aux Églises, je leur mande à toutes que je mourrai de grand cœur pour notre Dieu pourvu que vous ne vous y opposiez pas. Je vous en conjure, ne me témoignez plus une bienveillance inopportune. Laissez-moi devenir la pâture des bêtes féroces; par elles, j'arriverai à Dieu; il me faut être moulu sous la dent des bêtes, pour devenir le pain immaculé de Jésus-Christ. Caressez plutôt ces lions, qu'ils deviennent mon tombeau; qu'ils ne laissent rien de mon corps; ainsi, quand je serai endormi dans le Seigneur, je ne serai à charge à personne.

» Alors, je serai vraiment le disciple de Jésus-Christ, quand mon corps aura lui-même disparu de ce monde.

» Suppliez pour moi le Christ afin que, par de tels instruments, je devienne une hostie digne de lui.

» Pierre et Paul vous commandaient, moi je vous prie. Ils étaient apôtres, moi je ne suis qu'un esclave. Mais, quand j'aurai souffert je serai l'affranchi du Christ et, en lui, je ressusciterai libre.

» En ce moment, dans les fers, j'apprends à ne rien convoiter de terrestre ni de vain. Depuis mon départ de Syrie pour Rome, je combats vraiment contre les bêtes, sur terre, sur mer, la nuit et le jour, lié que je suis à dix léopards; ce sont mes gardiens que je nomme ainsi. Les bienfaits même les rendent plus farouches. Leurs injures me servent de leçon; mais « je ne suis pas justifié pour cela.[1] »

» Puissé-je jouir des autres bêtes qui me sont préparées! Je veux les trouver affamées et furieuses; je les flatterai pour qu'elles me dévorent, sans s'éloigner par respect comme elles l'ont fait pour d'autres. Si elles s'y refusent, je les y forcerai!

» Pardonnez-moi cette parole, je sais ce qui m'est utile. Je commence maintenant à être un vrai disciple. Que les créatures visibles et invisibles cessent de me disputer mon bonheur.

» C'est à Jésus-Christ que je vais!

» Les flammes, les croix, les meutes de bêtes farouches, les lacérations, la torture, la dislocation des os, le déchire-

____

(1) Ep. de S. Paul aux Corinthiens, ch. iv, 4.

ment des membres coupés en morceaux, que tous ces tourments inventés par l'enfer tombent sur moi, pourvu que j'atteigne Jésus-Christ.

» A quoi me serviraient les plaisirs de ce monde et les royaumes du siècle ? mourir pour Jésus-Christ vaut mieux que régner sur l'univers. Je cherche celui qui est mort pour nous. Tel est le trésor que je veux conquérir. Pardonnez-moi donc, frères. Ne me privez pas de la vie ; ne me rejetez pas dans la mort ; ne me rendez pas au monde quand j'aspire à Dieu ! Laissez-moi arriver à cette pure lumière aux rayons de laquelle je deviendrai l'homme de Dieu. Laissez-moi devenir l'imitateur de la passion de Jésus-Christ.

» Ah ! si quelqu'un a l'amour de Jésus-Christ dans son cœur, il comprendra, et, sachant l'ardeur qui me dévore, il aura pitié de moi. Le prince de ce siècle voudrait m'arracher du cœur et corrompre en moi cet amour pour mon Dieu. Vous, du moins, spectateurs de la lutte, ne vous constituez pas ses auxiliaires ; prenez parti pour Dieu et pour moi.

» Quand le nom de Jésus-Christ est sur vos lèvres, vous ne pouvez conspirer avec le monde. S'il m'arrivait jamais de vous tenir un autre langage, ne m'en croyez point, croyez à cette lettre que je vous écris vivant encore, mais brûlant du désir de mourir. Mon amour pour la terre a été crucifié et le feu qui m'anime ne peut souffrir aucun aliment terrestre.

» L'esprit vivifiant qui habite en moi et qui parle à mon cœur me dit intérieurement : Viens au Père ! Aucune nourriture corruptible, rien de ce qu'on nomme les délices de la vie n'a de saveur pour moi. Il me faut le pain de Dieu, le pain céleste, le pain de vie, c'est-à-dire la chair de Jésus-Christ, Fils de Dieu, qui, dans ces derniers temps, s'est fait Fils de l'homme, en naissant de la race de David et d'Abraham. Il me faut le breuvage de Dieu, le sang de celui qui est charité et vie éternelles. Je ne veux donc plus de la vie des hommes et mon vœu sera exaucé, si vous le voulez !

» Veuillez donc, je vous en supplie, Dieu vous rendra en grâces la bienveillance que vous m'aurez témoignée. Cette lettre trop courte vous le demande; croyez à mes accents. Jésus-Christ vous manifestera la sincérité de mon langage, Jésus-Christ le révélateur de la vérité en qui le Père nous a parlé. Priez-le de se donner bientôt à moi. Si je suis admis au martyre, vous aurez voulu mon bonheur; si je suis rejeté, je l'attribuerai à votre haine.

» Souvenez-vous dans vos prières, de l'Eglise de Syrie; en mon absence, Dieu seul est son pasteur. A la place de l'évêque, Jésus-Christ seul et votre charité la dirigeront.

» Je rougis de me voir malgré mon indignité, compté au nombre de ces chrétiens d'Antioche, moi, le dernier de tous, misérable avorton. Mais, si je puis arriver à Dieu, je deviendrai quelque chose par sa miséricorde.

» La charité des églises qui m'ont accueilli au nom de Jésus-Christ, moins comme un étranger qui passe, que comme un père, s'unit à mon esprit pour vous adresser le salut. Celles qui ne se trouvent pas sur mon passage ont voulu visiter mes chaînes.

» Je vous écris de Smyrne. Des Ephésiens dignes d'appartenir à Jésus-Christ, vous remettront ma lettre.

» Crocus, ce nom si cher, est encore ici avec moi ainsi que beaucoup d'autres frères. Vous devez connaître maintenant ceux qui m'ont précédé de Syrie à Rome, pour la gloire de Jésus-Christ; imformez-les de mon arrivée prochaine, ils sont tous dignes de Dieu et de vous.

» Ecrit le IX des kalendes de septembre.[1]

» Courage jusqu'à la fin dans la patience de Jésus-Christ. *Amen.*[2] »

(1) 23 août selon notre calendrier. — (2) Martyrologe de S. Ignace, ch. iv.

Cette lettre de saint Ignace d'Antioche montre avec évidence l'unité de l'Eglise catholique au premier siècle sous la juridiction du pape évêque de Rome. Il suffit de la lire avec attention pour s'en convaincre.

En entendant cette lecture, toute l'assemblée éclata en gémissements prolongés et douloureux.

L'évêque de Rome reprit alors la parole.

— Mes frères, dit-il, sachez que nous ne pouvons protester contre de si saints sentiments, ni empêcher notre frère Ignace Théophore de cueillir la palme qu'il désire si ardemment conquérir; résignons-nous donc à perdre en lui le plus saint de nos pasteurs qui nous sera plus utile, lorsqu'il sera retourné au Père que s'il demeurait parmi nous.

« Vous savez que l'Eglise de Jésus-Christ puise sa force dans les tribulations et le sacrifice comme notre divin Maître nous l'a enseigné par ses paroles et son exemple.

» Ne demandons donc la paix et la prospérité qu'en tant qu'elles peuvent être utiles à l'avènement du règne de Dieu, comme il est dit dans la prière dominicale : *Adveniat Regnum tuum*, car, pour réaliser le vœu sublime de cette même prière, la sanctification du Nom divin, *Sanctificetur Nomen Tuum*, il faut, avant tout, faire la volonté du Père en respectant l'ardent amour de ceux qui ont soif du Père.

» Il a été dit, en effet, par notre Maître et Seigneur Jésus-Christ : « Il est nécessaire que je m'en aille. »

« Ainsi, il est nécessaire aussi que ceux qui sont du Père s'en aillent au Père pour nous en envoyer les grâces.

» La voie du martyre est le chemin sublime sur lequel naissent, sous les pas des forts, des échelons pour les faibles.

» Soyons donc, mes frères, unis en amour avec Ignace Théophore dans la volonté du Père et sachons, comme lui, crucifier notre amour des biens sensibles sur l'autel éternel des biens incorruptibles.

» Prions donc dans nos liturgies publiques et particulières à l'intention d'Ignace afin que ses vœux soient pleinement comblés en Jésus-Christ.

» La paix du Seigneur soit avec vous tous! »

— Et avec ton esprit! répondit le peuple chrétien.

Le pontife se rassit. Alors, un diacre s'avança et cria aux échos de la catacombe :

— *Recedant catechumeni et non initiati. Exite !*[1]

Tristement, la foule de ceux qui n'étaient pas encore initiés aux mystères, s'écoula par les corridors, enviant le bonheur de ceux qui étaient admis par le baptême à la célébration de la liturgie eucharistique.

Comme les autres, l'affranchi se retira ; il n'avait vu ni Philothée ni Cœcilius, mais il se promit de les attendre à la porte du cimetière, afin de savoir si le fils du préteur était un de ceux qui ont le droit de participer aux mystères ou seulement un catéchumène.

Quand, obéissant à l'injonction du diacre la foule des non initiés se fut retirée et que les portiers furent certains que nul d'entre eux n'était resté par fraude ou par mégarde, le souverain pontife, assis sur sa chaire, parla de nouveau.

— Mes frères, dit-il, nous, évêque de Rome et de l'Eglise universelle, successeur de Pierre à qui ont été remises les clefs et donné le pouvoir de l'anathème, publions et proclamons devant vous, plusieurs pouvant être surpris dans l'hortodoxie de leur foi par les subtilités de ceux qui cherchent à dévorer le troupeau de Jésus-Christ, par la mise en œuvre de la fausse doctrine, que vous ayez à vous abstenir de tout commerce avec les errants nommés *Osséniens* qui ont introduit dans le Lieu Saint l'abomination que notre illustre Père Paul refusait même de nommer dans l'assemblée des fidèles ; les *Héracliens* qui, à la suite d'Héraclion propagent cette erreur monstrueuse que le baptême régénère l'homme au point de le rendre impeccable, de sorte que, quelque crime qu'il puisse commettre après son initiation à nos divins mystères, ces crimes ne sauraient lui être imputés comme péchés ; enfin les *Phantasmatiques ou*

____

(1) Que les catéchumènes et les non initiés se retirent. Sortez !

Docètes, contre lesquels notre vénérable frère Ignace a élevé si haut la voix pour les confondre et qui, niant la nature humaine en Jésus-Christ Notre-Seigneur, prétendent contre la vérité, que notre divin Maître n'existait et n'a souffert qu'en apparence, ce qui enlève tout caractère de sacrifice au mystère auguste de notre rédemption.

» A ces causes, déclarons solennellement anathème aux dits fauteurs d'erreurs et à tous ceux qui les suivront et se mettront ainsi volontairement hors de la pure doctrine dont nous possédons les clefs et la science par la grâce de Jésus-Christ et le secours de l'Esprit-Saint, et se verront de ce chef, exclus de la sainte Synaxe et du troupeau fidèle.[1]

» Ainsi soit-il, par la grâce de Jésus-Christ Notre-Seigneur, la charité de Dieu le Père et la communication de l'Esprit-Saint avec vous tous. *Amen!*

— *Amen!* répéta le peuple fidèle.

Et la liturgie sacrée, commença pour les fidèles, dans l'église du cimetière de Lucine, au Vatican.

---

(1) Trois hérésies qui furent condamnées au premier siècle. La synaxe du grec συνάξις du verbe συνάγω *je réunis*, réunion, assemblée, synonyme de Synagogue; néologisme grec créé par les chrétiens pour distinguer leurs assemblées des Synagogues juives. Tous les Pères grecs se servent de cette expression pour désigner l'assemblée des fidèles. Les auteurs ecclésiastiques désignent encore par ce terme, la communion eucharistique. Saint Basile appelle l'assemblée des fidèles « synaxe sensible » par opposition à l'union spirituelle des fidèles servant Dieu en esprit et en vérité, et à laquelle il donne le nom de « cour sainte » *ou église invisible.* « Si quelqu'un, dit-il, fait un Dieu de son ventre, ou de la gloire, ou de l'argent, ou de quelqu'autre chose qu'il honore d'un amour excessif, celui-là n'adore pas le Seigneur, il n'est point dans la *cour sainte* ἐν τῇ αὶλῇ τῇ ἁγία bien qu'il paraisse digne d'être admis dans les *synaxes sensibles* des fidèles. » (Martigny. *Antiq. chrét.*)

VI

AU DESSUS DU SOL.

Blotti dans un fourré épais de mélèzes, Aper attendait toujours.

Grâce à une agilité de circonstance, il était remonté un des premiers au grand air après s'être faufilé prestement aux premiers rangs des congédiés par le diacre, qui ne se pressaient jamais de se retirer, tant leur regret était grand de quitter l'église au moment solennel de la grande liturgie.

Posté dans l'ombre, il avait pu voir défiler, un à un ou par groupes, les chrétiens de diverses classes qui s'en retournaient prudemment chez eux par des chemins divers et les dévisager suffisamment, à la faveur de la lune qui était alors dans son plein et déversait sa lumière du haut d'un ciel pur.

— Ni Cœcilius ni Philothée! grommela-t-il entre ses dents. Que veut dire ceci? Ce fourbe grec aurait-il si rapidement séduit le fils de Metellus que celui-ci aurait déjà reçu le baptême?

Il ne pouvait le croire.

— Attendons encore, pensa-t-il, il y a là dessous quelqu'énigme. Cependant, comment Cœcilius aurait-il pu, malgré l'injonction, rester dans le cimetière, s'il n'est pas baptisé?

Longtemps il attendit, patient comme le serpent qui guette sa proie.

Cœcilius, en effet, n'était plus dans le cimetière; cependant il n'était pas sorti.

Philothée qui l'avait vu dans la foule des « écoutants » lui avait dit de l'attendre dans le prœdium en compagnie du fossor Rusticus qui recevait les arrivants.

Quand la liturgie sacrée fut terminée, le prêtre grec rejoignit le néophyte et, les premiers, ils sortirent par la petite porte du prœdium. Aper eut tôt fait de les reconnaître.

— Ainsi, dit Cœcilius, Ignace, lui-même, refuse de se conserver à ses frères?

— Tu l'as entendu, dit Philothée, de la bouche même de notre père Evariste, et nul ne peut s'opposer à la soif des saints pour le martyre, quand cette soif est aussi pure et aussi dégagée de tout sentiment humain que celle d'Ignace.

— Dis-moi, Philothée, comment se fait-il qu'Ignace dont l'humilité doit être grande, car il doit connaître la nécessité de cette vertu dont tu m'as tant de fois enseigné les caractères et l'obligation, comment se fait-il, dis-je, qu'Ignace ne craint pas de se désigner sous le nom de *Théophore* c'est-à-dire *Porte Dieu?* Est-ce qu'Ignace ne se déifie pas, en quelque sorte, lui-même, en se nommant ainsi?

— Ton observation, Cœcilius, n'est juste qu'à demi, parce que tu n'es pas encore complètement instruit. Cependant, tu en sais déjà suffisamment et tu en as compris assez pour être à même, d'après les notions que tu possèdes, d'avoir l'intelligence de ces choses.

« Je t'ai déjà dit, en me servant des enseignements même de notre vénérable frère Dyonisius, que Dieu ne s'est jamais manifesté directement aux hommes, mais s'est toujours servi d'intermédiaires dignes de le manifester, comme les anges qui vivent dans la loi de son règne adorable et sont des *théophores* parce que le pur amour de Dieu, de sa gloire, de sa volonté et de son règne les anime, les conduit et les porte à initier les hommes à l'amour du ciel, pour ramener leurs âmes au Père de toutes choses, et notre frère Dyonisius nous a appris, comme je te l'ai rapporté, que, « quiconque parmi les créatures soit spirituelles ou raisonnables, lorsqu'elle aspire ardemment à s'unir à Dieu, son principe, et appelle de toutes ses forces, en elle, la lumière céleste et parvient à s'unir à Dieu dans toute sa volonté et l'harmonie de sa loi, peut recevoir glorieusement le nom de Dieu.[1] »

» La pureté des esprits consiste en la participation à la lumière et à la sainteté non-souillée, participation que Dieu même communique à ses créatures par une incompréhensible opération de sa grâce.[2]

» Je t'ai dit, aussi, d'après le même enseignement, que l'homme devenait un ange lorsqu'il s'unissait intimement de cœur, de volonté et d'esprit, aux anges et à leurs célestes aspirations ; mais je t'apprendrai plus encore.

» Je t'ai dit, et tu me l'as fidèlement répété, que notre Dieu Un en trois augustes personnes, était le vivant et éternel Soleil de toutes les hiérarchies saintes invisibles et visibles ; que tout venait de Dieu, appartenait à Dieu et devait être rendu à Dieu dans le radieux amour de son Unité éternellement vivante et bienheureuse.

» Le but poursuivi par tous ceux qui ont l'amour ardent de Dieu est donc de ramener au Père toutes les âmes qui en sont capables, et l'auguste et éternelle Trinité indivisible n'a pas de plus cher vœu que de sauver toutes les créatures intelligentes, les anges et les hommes, en les réunissant dans son sein adorable.

» Ainsi donc, tu le comprends, Cœcilius, dans ces conditions, le salut n'est possible que pour les esprits déifiés, car la déification n'est pas autre chose que l'union et la ressem-

---

(1) S. Denys l'Aréopagite. *De la Hiérarchie céleste.* — (2) *Ibid.*

blance qu'on s'efforce d'avoir avec Dieu notre Père.

» Le but éternel et commun est donc l'amour de Dieu et des choses divines, amour généreux, céleste dans son origine, pur dans toutes ses intentions; c'est, avant tout, la fuite, l'éloignement absolu de tout ce qui est contraire à la charité, c'est-à-dire l'amour du Père et celui de ses frères dans l'unité de Dieu; c'est la connaissance des choses dans la réalité de leur être, la vue et la science des vérités saintes; c'est, enfin, la participation à la vérité sainte, à la simplicité ineffable de celui qui est souverainement Un, c'est le banquet mystérieux de l'intuition qui divinise par son éternelle et incorruptible nourriture, l'âme dévorée de l'amour divin.[1]

» Ce sont ces vérités éternelles que Notre-Seigneur Jésus-Christ, Verbe de Dieu incarné dans la nature humaine, est venu nous révéler sur la terre en nous donnant, par son enseignement et son exemple, les moyens de nous en pénétrer et d'en goûter les fruits incorruptibles.

» C'est ainsi qu'Il a dit aux Pharisiens qui niaient sa divinité et lui faisaient un crime de la proclamer :

« Insensés n'est-il pas écrit dans votre loi : « J'ai dit que vous êtes des dieux?[2] » — Si donc votre loi appelle ainsi ceux qui reçoivent la parole de Dieu, et si la loi est indestructible, pourquoi m'accusez-vous d'usurpation et de blasphème, puisque tel est le nom de celui que le Père a sanctifié et missionné dans le monde?[3] »

» Ce que Notre-Seigneur est venu nous enseigner, au nom du Père, c'est la nécessité d'aller tous au Père avec lui, ce sont les moyens de réaliser cette œuvre sublime de sanctification par l'amour absolu pour le Père dans la charité de tous et la conformité complète à toute la volonté du Père, par le sacrifice spontané de tout ce qui, en nous, n'est pas du

(1) S. Denys l'Aréopagite. *De la Hiérarchie ecclésiastique.*
(2) Psaumes, LXXXI, ÿ. 6. — (3) S. Jean. Evang., ch. X, ÿ. 34.

Père, et cette œuvre à réaliser se nomme la déification de la créature, seul moyen de salut.

» Certes, tous n'atteignent pas ce but idéal d'une façon uniforme ; mais, comme Notre-Seigneur nous l'a dit, le Père est bon, il mesure le labeur aux forces de chacun et distribue les récompenses selon la valeur de l'effort car « il y a plusieurs demeures dans la maison du Père[1] » c'est-à-dire d'innombrables états de sainteté variés selon les forces et les mérites de chacun.

» Or l'Eglise de Jésus-Christ, dont la hiérarchie est angélique, mesure aux forces de chacun le pain vivant de la doctrine, au moyen des symboles qui ont servi aux Apôtres pour leurs enseignements.

» C'est sous ces voiles d'une transparence graduée sagement, qu'elle expose les vérités éternelles, de peur que leur sainteté ne soit souillée par les profanes ou que leur nudité sublime ne scandalise les faibles, car chacun n'est pas saint, et, comme le disent nos saintes Lettres, la science sacrée n'est pas pour tous.[2]

» Notre père Marc, en effet, nous rapporte, dans son évangile,[3] que Notre-Seigneur Jésus-Christ dit à ses disciples qui l'interrogeaient sur la parabole du semeur dont le grain, lancé à la volée, tombe sur des terrains divers, stériles ou fertiles : « Celui-là seul peut entendre, qui a des oreilles pour entendre. Pour vous, il vous a été donné de connaître le mystère du Royaume de Dieu ; mais, pour ceux qui ne le connaissent pas, il n'y a d'autre nourriture que les paraboles, afin qu'en voyant ils ne voient pas et qu'en écoutant ils n'entendent pas et ne comprennent pas et qu'ils ne viennent pas à se convertir et que leurs péchés ne leur soient point pardonnés. »

— Oh ! mon Dieu ! s'écria Cœcilius, cette parole n'est-elle

---

(1) Evangile. — (2) S. Marc, ch. IV, y. 11, 12, 13. — (3) *Ibid.*

pas effrayante pour ces derniers, ô Philothée, et pourquoi Dieu lui-même leur cache-t-il la vérité ?

— Mon fils, dit gravement Philothée, quand tu étudieras plus complètement nos saintes Lettres, tu sauras que Notre-Seigneur Jésus-Christ a voulu désigner par là ceux qui feraient invinciblement un mauvais usage de la Vérité, parce qu'ils n'ont pas en eux la soif pure de la Vérité pour elle-même, et que, par leurs habitudes de péché ou simplement leur faiblesse, ils en profaneraient sans cesse les augustes et saintes voies. Et c'est là le sens de cette autre parole : « Vous ne livrerez point aux chiens le mystère de la sainteté, et vous ne répandrez pas les diamants de votre foi devant les pourceaux.[1] »

» Voilà pourquoi ceux pour qui les paraboles sont inutiles, parce qu'ils sont ouverts à la vérité, à l'amour absolu de Dieu et sont disposés à tout sacrifier à cette vérité et à cet amour, peuvent être nommés et se nommer, eux-mêmes, *Théophores* et *Porte-Dieu* ; déifiés par la grâce, l'illumination et la perfection, ils sont entièrement à Dieu et ne sont plus à rien de ce qui n'est pas Dieu.

» Voilà pourquoi notre frère Ignace a le droit de se nommer Théophore et voilà pourquoi, par sa pureté, son amour ardent de Dieu et son esprit de complet et absolu sacrifice, il est vraiment *Porte-Dieu*, en attendant qu'il s'unisse, par le martyre, à ces autres *Théophores* qui sont les anges bienheureux vivant dans la loi pure du règne éternel de la lumière divine.

— Moi aussi ! s'écria Cœcilius, je veux devenir un théophore et un ange !

— La persévérance seule atteint le but, dit Philothée ; mon fils, je vois dans ton cœur, par la grâce du Saint-Esprit, et, si je n'y lisais pas le mystère accompli de la germination

____

(1) S. Matthieu. Ev. vii, ỳ. 6.

de la bonne et pure semence, je ne t'instruirais pas par des enseignements qui sont fermés même à beaucoup de baptisés, alors, que tu n'ès encore que chrétien et que tu me demandes avec une ardeur que je modère depuis longtemps sagement, la régénération complète dans les eaux saintes du baptême.

— Ne tarde pas, Philothée, je t'en supplie! murmura Cœcilius, que deviendrais-je si je te perdais et où trouverais-je un père tel que toi?

— L'Eglise est pleine de pères qui me ressemblent, dit Philothée, et le Père Universel est aux Cieux et n'abandonne jamais ses enfants. Sois un apôtre; deviens, plus tard, toi-même, un père pour d'autres enfants. Oui, j'accéderai bientôt à ton désir et tu recevras ce premier de nos augustes sacrements, le baptême par la grâce duquel, après avoir été initié par ma charité et l'aide du Saint-Esprit, tu seras définitivement illuminé des splendeurs de la synaxe divine.

— Philothée, pria de nouveau Cœcilius, ne remets pas à plus tard, le baptême que je te demande avec larmes. Voici venir les grands jeux du Colosseum dans lesquels de nombreux martyrs cueilleront la palme glorieuse du sacrifice; il y aura dans les cimetières des dépositions de martyrs sur lesquels se feront les plus solennelles prières, fais donc que je puisse, moi aussi, assister aux divins mystères qui seront célébrés sur leurs illustres dépouilles. Prends pitié de ma longue attente. Veux-tu que je te prouve, par une action d'éclat, ma foi absolue en Dieu et mon mépris du monde? J'irai, s'il le faut, renverser les idoles jusque sur les parvis de leurs impurs sanctuaires; je braverai la mort et, moi aussi, je cueillerai la palme du martyre.

— Ne fais pas cela! Cœcilius, dit Philothée avec douceur; nulle part ni Notre-Seigneur Jésus-Christ, ni les Apôtres, ni nos pasteurs ne recommandent une telle violence; au contraire, le précepte est de fuir la persécution autant

qu'on le peut sans manquer à des devoirs plus graves. Le
sang des martyrs est une rosée féconde, mais la parole des
saints et leur exemple vivant, sont un pur soleil. Il ne faut
pas mépriser le monde mais travailler à le convertir et, pour
cela, il faut vivre.

« Console-toi, je ne veux pas te faire désirer plus longtemps d'étancher ta soif aux eaux vives de la régénération,
et j'ai une bonne nouvelle à t'apprendre. Sois prêt, car,
après demain, on baptisera au cimetière du Vatican et tu
feras partie, enfin, des heureux participants à la naissance
spirituelle.

Dans l'ombre, Aper suivait toujours, l'oreille aux aguets,
il entendit et comprit ces derniers mots.

— Voilà, enfin, la conclusion de tout ceci, pensa-t-il.
Après-demain, Cœcilius sera baptisé. Très bien, le tour est
joué et Philothée est un homme habile.

— La paix de Jésus-Christ soit avec toi, mon fils, dit le
prêtre chrétien. Me voici près de ma demeure, retourne à ta
maison. Demain nous étudierons les beautés d'Homère.

— Et avec ton esprit! dit Cœcilius, je ne songe guère à
Homère présentement, je suis tout à la joie dont tu viens
d'inonder mon âme! Vale.

Les deux amis se séparèrent et Cœcilius prit le chemin
de la villa du préteur, toujours suivi, à distance, par l'affranchi de Metellus.

VII

PROJET TÉNÉBREUX.

— Ce que tu me dis là Aper, est invraisemblable, s'écria Metellus avec humeur, cesse de me rabattre les oreilles avec de semblables sornettes!

« L'autre jour, tu m'apportas un volume dans lequel était contenu, disais-tu, le secret des chrétiens; c'était un discours de Démosthènes!... Aujourd'hui, tu prétends avoir acquis la conviction que Cœcilius, mon fils, a des rendez-vous nocturnes avec Philothée, dans la maison de celui-ci ou dans la campagne et que le précepteur est un de ces chrétiens justement détestés dans tout l'empire et séduit mon fils. Tu rêves tout éveillé, Aper, à moins que tu ne rêves en dormant. »

— Préteur, c'est mon zèle pour votre maison et votre honneur qui me fait m'exposer à de nombreux dangers, afin de dépister le complot ourdi par Philothée pour vous ravir votre fils. Sachez que je n'avance rien que je ne puisse prouver, au besoin. Je vous dirai même mieux....

— Quoi encore?

— Votre fils sort presque tous les soirs....

— Eh! il va aux plaisirs de son âge, aux bains, aux spectacles, que sais-je; il est en âge de savoir se conduire et ne peut rester enfermé à la maison comme une jeune fille timide.

— Il ne va ni aux bains, ni aux spectacles....

— Qu'importe, qu'il aille où il veut!

— Même dans le repaire souterrain de ces chrétiens qui se cachent comme des taupes pour perpétrer leurs abominables complots contre la sûreté de l'Etat?

— Que dis-tu?

— La vérité! Sachez que j'ai eu la persévérance et le courage de le suivre; hier, encore, il est descendu dans le cimetière que les chrétiens ont au Vatican, sous les fondations même du temple d'Apollon, il a assisté à leur culte impie et sacrilège envers les dieux et l'empereur et, pour tout vous dire....

— Achève....

— Demain, il recevra le baptême!

— Tu n'oserais pas affirmer ce que tu avances, s'écria Metellus avec une indignation mêlée de colère.

— Je le jure, au contraire, sur ma tête!

— Prends garde, si tu y tiens!

— L'événement prouvera prochainement mon dévouement et ma véracité. Puisse le préteur Metellus ne jamais voir son fils accusé de trahison envers l'empire et de blasphème envers les dieux!

— Ecoute, Aper, dit le préteur avec un air soucieux. Si ce que tu me dis est vrai, Philothée est un criminel dont je dois vouloir le châtiment. Mais, je ne veux pas que mon fils soit englobé dans cette accusation, tu le comprendras sans peine, je n'ai que lui et j'ai basé sur lui toutes mes espérances. Je verrai avec plaisir Philothée subir le châtiment qu'il mérite; mais il faut trouver le prétexte de son arrestation et de sa mise en accusation, sans avoir l'air de violer brusquement la liberté d'un citoyen.

— Il est grec, dit avec mépris l'affranchi et l'on peut tout faire des grecs sans violer aucune liberté honorable ni aucune des lois essentielles de l'empire. Préteur, voulez-vous me laisser faire et me prêter main-forte, je me charge de faire prendre Philothée en flagrant délit de crime contre l'Etat et de l'amener pieds et poings liés à votre tribunal.

— J'y consens, mais prends garde que pas un seul cheveu ne soit compromis sur la tête de mon fils.

— Vous serez satisfait, préteur. Mettez à ma disposition un centurion et deux soldats de confiance, capables d'obéir aveuglément et je me charge du reste.

— Soit, dit le préteur.

Et, prenant une feuille de vellum et un calame qu'il trempa dans l'encre, il écrivit quelques lignes, puis remit la feuille à Aper.

— Voici, lui dit-il, un ordre de ma part avec lequel tu disposeras du renfort que tu demandes, et, maintenant, fais vite et souviens-toi de mes recommandations.

— Oui, préteur, dit l'affranchi avec son rire éternel et fauve, vous serez satisfait.

Et il sortit en se frottant les mains.

— Par Pluton ! s'écria-t-il, lorsqu'il fut dehors, j'ai mon plan et Philothée ne m'échappera pas.

VIII

LE BAPTÉME.[1]

A la veille d'une grande douleur, l'Eglise allait goûter une grande joie, en admettant dans son sein de nouveaux élus.

Le cimetière du Vatican était plein de fidèles et dans l'église illuminée, assis sur sa chaire pontificale, la couronne sur la tête et le bâton apostolique à la main, le pape Evariste s'apprêtait à célébrer les rites de l'illumination.

Devant lui, se tenaient les catéchumènes qui devaient y participer.

Au milieu du silence et du recueillement profonds, le pontife commença la liturgie de la pénitence et, après lui, le peuple fidèle récita les psaumes de David les plus conformes à célébrer les sentiments de la créature qui, du fond des ombres de la mort, crie vers la résurrection, la lumière et la vie et va présenter son front à l'inscription du caractère royal du Christ, initiateur et consécrateur.[2]

(1) Le baptême qui, en principe, ne s'administrait qu'aux vigiles de Pâques et de la Pentecôte, se donnait néanmoins, au témoignage formel de Tertullien, chaque fois qu'il était besoin sans distinction d'époques.

(2) *Regius character; character Dominicus; donum Christi; initiatio; consecratio;* (Bingham : *Orig. de l'Egl.*, l. x, ch. 1.) Ainsi et sous une foule d'autres vocables analogues, est désigné le Baptême dans les Pères de l'Eglise.

Lorsque les psaumes furent chantés et que les diacres eurent lu les passages des évangiles et des écrits des apôtres relatifs au sacrement, en bon ordre de marche, la procession se forma et se dirigea vers une double cella ou chambre dont chaque compartiment renfermait une citerne pleine d'eau sur laquelle planait une colombe d'argent suspendue par des chaînes. Là, un cierge fut allumé et son feu fut béni par le pontife qui prononça également des paroles de bénédiction sur l'eau des cuves baptismales, selon la tradition apostolique.

Se tournant, alors, vers les catéchumènes réunis, l'évêque leur adressa la parole en ces termes :

— Aux portes de votre initiation, catéchumènes qui allez, par votre désir et votre volonté, devenir des fidèles de la sainte synaxe de Jésus-Christ et des dépositaires des plus grands mystères de la foi, tabernacles de lumière par la grâce du Saint-Esprit, êtes-vous pénétrés suffisamment de la grandeur de l'acte que vous allez accomplir?

— Oui, répondirent les catéchumènes.

— Renoncez-vous à Satan qui opère dans le monde et dans les âmes les œuvres contraires à la loi immuable de Dieu par les prestiges du monde qui réalise ses pompes trompeuses?

— Nous renonçons! s'écrièrent les catéchumènes tournés et la main levée vers l'Occident, région des ombres et de la nuit.

— Croyez-vous au Père, au Fils, au Saint-Esprit, Trinité dans l'Unité indivisible?

— Nous croyons au Seigneur trois fois saint, Père Tout-Puissant et Dieu éternel qui, avec son Fils unique et le Saint-Esprit, n'est qu'un seul Dieu et un seul Seigneur,

Le jour du baptême est parfois nommé « jour d'admission » *acceptionis dies*, termes relatifs au secret de l'Eglise dans lequel on ne pouvait être mis que par ce sacrement.

Blotti dans un fourré épais de mélèzes, Aper attendait toujours. (P. 120.)

non en ne faisant qu'une seule personne, mais trois en une même substance. Nous confessons sa véritable et éternelle divinité et, dans chacune de ses personnes, et dans l'essence de son unité, nous adorons une majesté égale avec les anges et les archanges, les chérubins et les séraphins qui ne cessent de chanter les louanges de sa sainteté!

Successivement, le pontife les interrogea sur chacun des articles du Symbole en leur demandant de les expliquer conformément à l'instruction reçue et chacun d'eux exposa l'explication nette et précise des articles de la Foi.

Ensuite, il passa en revue les hérésies qui désolaient l'Eglise et les pria d'en faire une sommaire réfutation, selon les principes de la théologie apostolique.

Ils répondirent nettement, faisant preuve d'une connaissance précise des raisons de leur ferme croyance.

L'évêque, alors, se tint près de la piscine.

Un rideau fut tiré, séparant les catéchumènes des deux sexes, et ils quittèrent leurs vêtements.

Sous la conduite du diacre, les hommes, et sous la conduite des diaconesses, les femmes, enveloppés d'un voile furent présentés au pontife qui les fit descendre dans l'eau sainte.

A leur suite, l'évêque descendit les degrés de la piscine et, assisté des diacres, plongea par trois fois dans l'eau, les catéchumènes, au nom du Père, du Fils et du Saint-Esprit, en même temps qu'avec une coupe en forme de coquillage, il répandait de la même eau sur leur tête afin que tout le corps, suivant le rite, fût complètement purifié.

Alors, l'un des diacres ouvrit la colombe d'argent suspendue au-dessus du baptistère et y prit les huiles saintes avec lesquelles l'évêque, oignit le front des catéchumènes encore debout dans la piscine et, leur imposant les mains pour confirmer en eux les dons du Saint-Esprit, il leur recouvrit la tête du *velamen mysticum*, voile sacré, signe de liberté et de puissance sur lequel il plaça une couronne de myrte.

Ils sortirent du bain mystique et reçurent une robe blanche qu'ils devaient garder huit jours et des souliers bénits pour indiquer qu'ils devaient marcher, désormais, dans de nouvelles et saintes voies.

La procession se reforma et, à la suite de l'évêque, devant lequel un clerc portait le flambeau qui avait éclairé la cérémonie, les nouveaux fidèles, en chantant l'oraison Dominicale, vinrent se ranger dans l'église auprès de la Confession sur laquelle allaient être célébrés, pour la première fois à leurs yeux, les augustes mystères.

Le Souverain Pontife s'approcha de l'autel et commença la liturgie sacrée.

Quelle émotion sainte lorsqu'il en arriva à ces paroles mystérieuses dites avec l'accent de la plus pure autorité :

— *Sancta sanctis!* Les choses saintes aux saints !

Et que, au milieu de l'attention générale le diacre, s'avançant, prononça les paroles qui fermaient les mystères.

— *Recedant catechumeni et non initiati. Exite!...*

Ils restaient, eux, joie surhumaine! Au premier de leurs rangs, Cœcilius sentait son cœur inondé d'allégresse.

Aussitôt, le peuple fidèle s'écria :

— *Unus Sanctus! Unus Dominus Jesus Christus in Gloria Dei Patris : Benedictus, in sæcula. Amen!*[1]

Après l'oraison Dominicale, le Pontife reprit :

« Gloire à Dieu au plus haut des cieux! Paix sur la terre aux hommes de bonne volonté! Hosanna! au Fils de David! Béni celui qui vient au nom du Seigneur, notre Dieu qui a habité parmi nous! Hosanna au plus haut des cieux! »

Alors, les paroles sacrées furent prononcées et, le miracle accompli, le pontife rompit le pain, en mangea le premier, et après en avoir remis à tous ceux qui l'assistaient, évêques,

____

(1) Un Saint, Un Seigneur Jésus-Christ dans la gloire de Dieu le Père et béni dans les siècles. *Amen.*

prêtres, diacres, clercs et ascètes, il le distribua aux nouveaux baptisés tandis que les diacres distribuaient le vin des calices ministériels qu'ils tenaient avec respect par les deux anses pendant que chacun en buvait sa part, puis, après avoir consommé un fragment du pain sacré, en enfermait soigneusement une autre partie dans une custode ou une bourse précieuse, afin d'emporter chez soi, pour sa consolation quotidienne, un peu de cette nourriture du miracle.[1]

Au moment de se séparer, le pontife demanda les bénédictions du Ciel pour toute l'Eglise, la persévérance pour les nouveaux fidèles et le courage pour les martyrs.

Une même voix s'éleva pour l'action de grâces et la supplication vers le Ciel, et l'on remonta sur la terre....

Comme Philothée et Cœcilius s'embrassaient, à la porte du prœdium, dans la plus sainte émotion, Rusticus informa le prêtre qu'un tabellarius avait apporté des lettres pour lui et les lui remit.

Philothée brisa le cachet et lut cette simple épître.

« A Philothée, prêtre chrétien. Salut.

» Par ces lettres, je te supplie, homme de lumière, d'aider la bonne volonté d'un esclave à sortir des ténèbres et à naître à la vérité que tu enseignes. Si tu accèdes à ma prière, trouve-toi, ce soir, au bosquet de Cybèle, près de la

---

(1) Aux premiers siècles, les fidèles qui assistaient à la célébration des saints mystères dans les catacombes ou autres lieux secrets après avoir communié emportaient avec eux quelques parcelles de pain consacré pour communier eux-mêmes au besoin surtout au temps de persécution où ils étaient sans cesse menacés du martyre. (S. Justin, apol. ii. Tertullien, *ad Uxor*, ii, 5. S. Cyprien, *de Lapsis*. S. Basile, etc....) Cet usage fut en vigueur encore au quatrième siècle. Il existait un rite pour se communier chez soi. « Si vous n'avez pas d'oratoire, étendez sur une table très propre un petit voile sur lequel vous placerez les saintes particules; vous brûlerez de l'encens et vous chanterez le *Trisagion*, le *Sanctus* et le Symbole; puis,

Via Sacra et des Esquilies. Je suis obligé à beaucoup de prudence et de circonspection. Vale. »

— Vale! répéta Philothée, qui? il ne le dit pas. C'est un esclave, au propre ou au figuré, esclave de Satan ou esclave d'un patricien idolâtre? Qu'importe! les deux, peut-être. L'amour de Jésus-Christ ne connaît ni fatigue, ni limites. J'irai. Ce soir?... Mais, nous sommes ce soir; allons, et pas de retard !

Et, s'adressant à Cœcilius :

— J'allais compléter ton illumination, Cœcilius, mais je remets à demain. Jésus-Christ m'appelle. Adieu.

Avant que le jeune homme ait pu répondre, Philothée avait disparu dans la direction du Champ de Mars.

après avoir fait trois génuflexions pour l'adorer, vous prendrez religieusement le corps de Jésus-Christ. » (Liturgie du cardinal Bona.) Mais cela ne pouvait se faire que dans les maisons chrétiennes. Partout ailleurs tout rituel était supprimé et la communion se faisait dans le plus grand secret et sans aucune manifestation extérieure qui eut pu faire soupçonner la valeur de cet acte sacramentel.

TROISIÈME PARTIE

PERFECTION

I

L'ARRIVÉE.

Le service des courriers apostoliques était bien organisé aux premiers siècles du christianisme.

Le lendemain du jour où nous avons assisté au baptême, dans le cimetière, tous les fidèles de Rome étaient informés que Théophore était arrivé et débarqué à Ostie.

Aussitôt, une grande foule de chrétiens partit au devant d'Ignace d'Antioche pour lui porter l'hommage de leurs vœux et de leur charité.

Ils le rencontrèrent en route, car les soldats qui le conduisaient faisaient diligence, l'ouverture des jeux étant imminente et les bêtes du Colosseum ayant besoin de leur proie autant que le peuple.

En très peu de temps, ils eurent entouré le cortège et disputé aux soldats le droit d'embrasser l'illustre confesseur de la foi.

Ceux-ci s'arrêtèrent, étonnés par l'insistance de cette multitude et craignant d'être dépossédés, par la force, de leur prisonnier, s'ils se montraient intraitables et cruels.

Alors, éclatèrent les sanglots et coulèrent les larmes....
Oubliant la lettre de Théophore, les chrétiens criaient à
l'envi qu'Ignace ne mourrait pas; les uns voulaient en
appeler à l'empereur, pour le supplier de revenir sur son
jugement; les autres voulaient faire agir leurs relations
patriciennes, d'autres, enfin, suprême espérance, criaient
qu'ils en appelleraient au peuple et demanderaient à sa
générosité, dans l'amphithéâtre même, la grâce du martyr.
C'était bien mal apprécier ce peuple de fauves policés que
de croire à sa clémence et à un sentiment de pitié dans son
cœur pétri de boue, de volupté et de sang.

En les entendant, Ignace entra dans une sainte colère.

— Quoi! s'écria-t-il, pouvez-vous ainsi parler et désho-
norer par une telle faiblesse la noblesse de l'illustre Eglise
de Rome à laquelle vous appartenez tous! Devais-je m'attendre à cette cruauté de votre part, après vous avoir écrit la
lettre que je vous ai envoyée; et ne l'avez-vous pas reçue?

— Nous l'avons reçue, illustre père! affirmèrent les
fidèles, tout d'une voix.

— Et vous pouvez parler ainsi! s'écria Ignace.

Alors, il parut en proie à une atroce douleur; il versa des
larmes abondantes et, parmi ses sanglots, il disait :

— Mes frères bien-aimés, je vous en supplie, ne me
soyez pas cruels; aimez-moi de cette charité de Jésus-Christ
qui est la porte du ciel. Je vous en supplie, laissez-moi achever ma course! Je suis las du chemin, et d'autres le par-
courront plus dignement que moi. Je vous ai ouvert mon
cœur, ne brisez pas ma constance au lieu de l'affermir. O
cruauté de mes propres frères qui veulent m'exposer à Satan,
alors que je dois avoir le bonheur d'être exposé aux bêtes qui
vont me rendre à Dieu!...

Devant une telle douleur, tous restèrent muets.

Ignace, alors, s'agenouilla sur la route et leur demanda
de prier avec lui.

Tous obéirent, devant les soldats stupéfaits, et Ignace pria à haute voix :

— Seigneur ! s'écria-t-il, changez l'esprit de mes frères. Ne permettez pas que mes frères me soient plus cruels que les bêtes féroces qui doivent m'être si douces, puisqu'elles me donneront à vous ! Seigneur, faites descendre sur votre Eglise votre illumination et votre force, protégez-la dans les tribulations, affermissez-la dans la constance, illustrez-la dans le sacrifice, déifiez-la dans l'absolu de votre amour !... Seigneur, mettez un terme aux terribles douleurs de vos saints ; faites cesser l'affreuse persécution qui décime votre troupeau chéri, afin que, loin de tout danger matériel, tous ceux qui sont nés de vous, vivent dans votre paix longuement et meurent de même dans votre saint amour. Seigneur, augmentez le trésor de votre charité dans nos frères ; qu'ils se souviennent que, sans cette charité puissante, selon la parole de notre père Paul, ils ne seraient que des cymbales sonores, qui rendraient, en vain, des sonorités futiles de joie ou de larmes.

« Bénissez votre troupeau, Seigneur, et que tous, nous allions à vous selon la voie que vous nous avez choisie sans autre juge que vous dans l'espérance de votre amour sans fin. »

Il pria ainsi longtemps encore.

Quand il se releva, la résignation était dans le cœur et sur le visage de tous et, au milieu du silence, le cortège reprit sa route vers Rome.

Une heure après, Théophore, conduit à l'amphithéâtre, était mis avec les autres condamnés dans l'étroit cachot où ils attendaient leur dernier moment sur la terre.

Dans la foule, Cœcilius cherchait en vain Philothée, et il ne pouvait comprendre qu'il ne fut point là, car il n'était pas venu à la villa Metella pour sa leçon quotidienne de grec.

Le jeune homme interrogea diverses personnes qui étaient chrétiennes; nulle ne put le renseigner.

Alors, il prit sa course vers le Vatican et vint heurter à la porte de la petite maison.

La vieille chrétienne vint ouvrir et Cœcilius vit sur sa physionomie l'expression de la plus vive douleur.

— Qu'y a-t-il? s'écria-t-il; quelle est la cause de votre chagrin? où est Philothée?...

— Hier, encore ici, dit la vieille femme, en indiquant la maison vide, aujourd'hui, là-bas, dit-elle, en montrant du doigt la direction de la prison Mamertine, et demain, là-haut! conclut-elle en montrant le ciel.

— Quoi! que voulez-vous dire? Mon père Philothée serait en ce moment....

— Oui! dit-elle tristement. Les détails, je ne les connais pas. J'ai su, seulement, par un chrétien qui allait au cimetière du Vatican, que Philothée a été arrêté hier soir dans le bosquet de Cybèle, près de la via Sacra, qu'il a comparu devant le préteur et qu'il est condamné aux bêtes.

— La paix de Jésus-Christ soit avec toi, dit Cœcilius en s'éloignant. Il faut que je sache ce qui est arrivé.

— Et avec ton esprit! dit la vieille femme en rentrant dans la maison dont elle ferma soigneusement la porte.

Que faire et où aller?

Cœcilius prit sa course, persuadé que la route lui porterait conseil.

II

LE PIÈGE.

Lorsque Philothée était arrivé au bosquet de Cybèle, un homme enveloppé d'un large manteau, dont un des pans lui couvrait le visage, se présenta presque aussitôt devant lui comme s'il eut guetté avec soin son arrivée. C'était Aper.

— Salve, dit-il, en déguisant sa voix, je te reconnais car le noble Cœcilius qui vient d'être baptisé au cimetière du Vatican t'a montré à mes yeux qui ont retenu tes traits. Je suis heureux que tu sois venu à mon appel car je veux être éclairé. Ne m'en veux pas si je ne me nomme pas à toi; mon nom ne t'apprendrait rien, je ne suis qu'un humble esclave de la maison du riche Marcus Publius Scipio qui, certainement, me ferait jeter aux murènes de son vivarium si, par malheur, un de ses esclaves me voyait ici.

— Ton désir est noble, répondit Philothée affectueusement et je ferai ce que je devrai pour t'ouvrir les yeux à la lumière. Et d'abord, tu le sais, pour désirer la lumière il faut déjà avoir un fonds d'honnêteté et une conscience droite. C'est là ton cas, certainement.

— J'ai toujours été un honnête esclave et mon maître en a rendu souvent témoignage.

— C'est très bien.

— Je n'ai pas non plus l'esprit bas et vulgaire comme beaucoup d'esclaves, j'ai un peu étudié les lettres et la philosophie.

— Un esclave est devenu Platon, dit Philothée en souriant, il a manqué à Platon de devenir chrétien. As-tu de bonnes mœurs?

— Oui, dit l'esclave. Et il ajouta avec emphase : Je suis religieux aussi, et je suis le conseil de Pythagore. Je rends aux dieux immortels le culte consacré.

— Tu dois apprendre, dit Philothée en souriant, que ce que tu appelles les dieux immortels sont des êtres de mensonge et d'abjection créés par le cerveau humain pour diviniser les vices, et qu'il faut, au plus tôt, rejeter jusqu'à leur souvenir, de ton cœur et de ta pensée.

— Quoi! tu me conseilles l'impiété?

— Non, mais je veux guider ta piété mal entendue, dans la véritable voie. Il n'y a qu'un seul Dieu, sache-le.

— Je sais que Jupiter est le plus grand des dieux.

— Jupiter est un infâme personnage qui a usurpé l'adoration des peuples.

— Cependant, tu m'accorderas qu'il y a bien un dieu qui n'est pas infâme?

— Celui que je t'annonce est le seul Dieu tout-puissant qui a fait le ciel et la terre, nous a rachetés de nos péchés et préparé un bonheur éternel si nous nous efforçons de le connaître, de l'aimer et de le servir, comme il le mérite.

— Mais quand on sert les dieux, n'est-on pas digne du même bonheur?

— Non, puisque les dieux sont des créations du mensonge et de l'imposture.

— Ne m'accorderas-tu pas que quelques-uns, au moins, parmi eux sont dignes de nos hommages et que l'empereur, par exemple, est un dieu?

— Ton erreur est grande, dit le prêtre chrétien avec une patiente douceur. L'empereur a droit à notre respect, mais il n'est qu'un homme et un homme ne possède aucun des attributs de la divinité. Au jour où le Dieu du ciel et de la terre, le vrai Dieu, le Dieu unique, jugera les vivants et les morts, tous seront égaux devant lui par nature, la sainteté seule établira des degrés et tel qui se fait adorer comme dieu en ce monde par des esprits crédules et lâches, n'aura même pas une goutte d'eau en sa puissance pour étancher l'horrible soif qui brûlera ses lèvres dans le feu de la vengeance divine.

— Vraiment! dit le fourbe avec une apparente candeur.

Et, manœuvrant habilement, il amena le prêtre chrétien tout près d'une colonne sur laquelle était placée la statue de Cybèle au milieu d'un tertre gazonné.

— Cependant, dit-il, si les dieux sont si mauvais que tu le dis, c'est assurément qu'ils ont renié leur principe?

— C'est vrai! c'est en reniant le principe divin, éternel, que toutes les erreurs se produisent et tous les crimes.

— Je pensais bien que tu jugerais ainsi, dit le fourbe avec satisfaction. Voici la statue de Cybèle, mère des dieux, fille du ciel et de la terre, et dont les prêtres sont purs. Aussi on l'appelle la Bonne Déesse; celle-là, du moins, trouve peut-être grâce à tes yeux?

Philothée comprit vaguement qu'un misérable se jouait de lui. S'il n'eut écouté que la prudence il s'en fut allé immédiatement, silencieux et digne. Mais la charité l'emporta et, dans l'espoir qu'au fond de cette âme il y eut un rayon de bonne volonté, qu'un peu de violence sainte aiderait à sortir, il s'écria avec un feu mal contenu :

— Qui que tu sois, toi qui m'exprimes le désir de devenir chrétien, sache que tous les dieux des nations, sans exception, sont d'impures fantômes et que tu dois en bannir jusqu'à l'ombre de la surface de ton cœur. Si tu veux venir à nous, écoute et ne parle pas, tes ténèbres sont trop épaisses pour concevoir la vraie lumière ; c'est de l'hierarque sacré, ton initiateur, que tu dois l'attendre. Et quand tu l'auras reçue, tu jetteras ton mépris sur l'Olympe tout entier et tu auras honte de penser même à cette impure Cybèle dont la statue souille ce gazon œuvre du Dieu tout-puissant.

Comme il parlait, la colonne et la statue s'écroulèrent avec fracas..... Ce n'était pas un miracle.

Aper avait traîtreusement poussé le piédestal fragile.

Au même instant, un centurion et deux soldats parurent, devancés par une foule scandalisée qui criait :

— A mort les chrétiens ! aux bêtes ! Ils détruisent nos dieux ! Ils conspirent contre le Palladium et l'empereur !

— Paix ! dit le centurion, qu'y a-t-il ?

— Il y a, dit le fourbe affranchi, que ce chrétien m'a rencontré et endoctriné pour que je le suive dans sa taupinière, en me faisant part des plus horribles blasphèmes contre les dieux et l'empereur et, pour confirmer ses paroles après m'avoir dit que Cybèle était une infâme imposture, il a jeté à bas sa colonne et sa statue.

— Vous mentez, dit Philothée abasourdi par une telle audace, je prouverai.....

— Qui êtes-vous ? dit le centurion à l'affranchi.

— Je suis Aper, affranchi de Cestius Metellus, voyez si vous devez me croire de préférence à ce malfaiteur.

— Le préteur, seul, peut juger cette affaire, dit le centurion. Soldats, emparez-vous du criminel et, en route !

Philothée n'ajouta pas un mot car il comprit aussitôt dans quel piège il était tombé.

Pendant que la foule l'insultait à l'envi, il tendit docilement les mains aux liens et suivit les soldats.

Aper, toutefois, n'eut pas l'audace de s'exposer à ses reproches et il se borna à suivre par derrière, en compagnie du centurion son complice.

III

PAR LES BÊTES.

Il n'y avait pas de temps à perdre, car les jeux, qui devaient durer plusieurs jours, étaient commencés.

Impassible, le préteur Metellus, assis sur son tribunal, reçut l'accusé devant lui.

Philothée tremblait, non pour lui, mais pour Cœcilius, car il craignait que Metellus ne l'interrogeât à ce sujet; auquel cas il lui eut été impossible de déguiser la vérité, même pour sauver son élève.

Il devait être détrompé.

— Comment te nommes-tu? demanda le préteur.

— Je me nomme Philothée, c'est-à-dire, en grec, ami de Dieu, répondit le prêtre chrétien.

— Tu n'es pas citoyen romain?

— Mon nom indique que je suis grec.

— Tu es accusé d'avoir, dans le bosquet de Cybèle, situé près de la via Sacra et des Esquilies, proféré des blasphèmes contre les dieux de l'empire, méprisé la divinité d'Auguste et renversé l'autel de Cybèle la Bonne Déesse.

— Préteur, répondit avec fermeté Philothée, la violence n'est pas dans mes mœurs et je n'ai pas renversé la colonne de Cybèle qui est tombée pour une tout autre cause qu'une intervention personnelle de ma part. Je suis victime de la fourberie d'un misérable auquel je pardonne comme mon divin maître Jésus-Christ a pardonné à ses bourreaux qui l'ont fait mourir sur la croix où il a expiré pour le salut des hommes.

— Je n'attends pas de toi l'exposé de tes doctrines sectaires et impies, dit le préteur, mais, au contraire, la renonciation à ces doctrines qui sont subversives de l'ordre établi. Sacrifie aux dieux et tu seras libre.

— Jamais, préteur, dit Philothée avec calme; les dieux sont des mensonges et des créations de l'imposture et je fais des vœux pour que la terre soit promptement purgée de leur néfaste souvenir, pour la gloire de Jésus-Christ et le salut des âmes.

— Tout cela est fort bien, mais tu es sous l'accusation des crimes de religion étrangère, de sacrilège envers les dieux de l'empire et la personne auguste de César et il n'y a pour toi qu'un moyen d'échapper aux bêtes qui t'attendent dans l'amphithéâtre, c'est de sacrifier. Qui n'achèterait son salut à si bon compte?

— Ce compte qui est bon pour vous est très mauvais pour moi, et le salut que vous m'offrez serait ma perte. Sachez que cette vie présente n'est rien et qu'il en est une éternelle pour laquelle nous devons tout sacrifier. Que sert à l'homme de gagner l'univers s'il vient à perdre son âme? Vous pouvez me faire souffrir tous les tourments, vous n'obtiendrez pas de moi que je renonce à ma foi.

— Mais cette foi est insensée, absurde, dit le préteur qui, malgré lui, se laissait aller à un sentiment de curiosité, motivé par la conversion de son fils.

— Non, préteur, dit tranquillement Philothée, sans cela, les martyrs ne donneraient par leur vie pour elle. Il faut, au contraire, qu'elle soit très sensée, radieuse, sublime, raisonnable au-dessus de toute raison, pour provoquer de semblables dévouements. Et elle l'est, en effet.

— Cependant, nous en avons vu qui n'étaient point si fiers et qui, effrayés par le sort qui les attendait, s'empressaient de renier leurs croyances et de sacrifier aux dieux qu'ils avaient blasphémés.

— Ceux-là n'étaient pas chrétiens, dit Philothée avec calme.

— Allons donc! les preuves étaient évidentes!

— C'est qu'on peut être chrétien de nom sans l'être de fait. Le nom de chrétien n'est pas un vain nom, quand il est dignement porté. Mais, pour être vraiment chrétien, il faut, non seulement avoir accompli les rites extérieurs qui font les chrétiens, mais, surtout, avoir accompli les rites intérieurs qui font l'âme chrétienne et l'inondent des lumières saintes de l'initiation. Comment voulez-vous, préteur, qu'une âme qui a été illuminée par la vérité pure puisse retourner à l'erreur, si la vérité continue à l'éclairer? Tels sont les vrais chrétiens.

« Je ne vous dirai pas, ici, des choses incompréhensibles pour vous, quoique je sois tenu au secret, mais j'estime que le secret n'oblige pas au point de parler par d'impénétrables énigmes comme le font quelques-uns.

» Or, je vous dirai ceci :

» Les annales de la philosophie sont pleines de l'histoire des hommes avides de sagesse et qui ont parcouru le monde pour trouver la sagesse sans la rencontrer. Tout cœur honnête doit aspirer à connaître la sagesse; or, nos augustes mystères et nos saintes initiations donnent la sagesse et la paix qui est le premier fruit de la sagesse; mais, pour demander et obtenir la sagesse qui mène à la sainteté, il faut, non seulement le vouloir sincèrement, mais encore être aidé de secours supérieurs et divins. Voilà ce qu'enseigne et donne au suprême degré notre foi.

» Je vous dirai encore, préteur, que quiconque a acquis la vraie sagesse comprend immédiatement toute la folie de ce qui n'est pas la sagesse et toutes les misères que génèrent cette folie. Aussi, sont-ils heureux d'échapper à ce monde inférieur sur lequel la folie règne et tyrannise à outrance les enfants de la sagesse. Si mes paroles, malgré leur clarté, vous paraissent obscures, venez à nous et, par nous, allez à Jésus-Christ, et toute clarté descendra dans votre âme, si vous êtes digne d'être éclairé. »

— En vérité, dit le préteur, je crois que tu enseignes! mais nous ne sommes pas au portique ni à l'académie, le préteur doit faire respecter les lois de l'empire. Une dernière fois, veux-tu sacrifier sur l'autel des dieux?

— Non, gloire éternelle à Jésus-Christ seul! Anathème à vos dieux impurs!

— Je pourrais te faire souffrir les plus atroces tortures, dit le préteur.

— Je suis prêt, dit Philothée.

— Mais, je ne le ferai pas, continua Metellus; le peuple et les bêtes m'en voudraient. Tu iras donc rejoindre cet Ignace qui vient d'être amené d'Antioche et qui prétend porter Dieu sur ses épaules comme Enée portait son père Anchise.

Et le préteur prononça la sentence en vertu de laquelle, le nommé Philothée, le grec, chrétien, traître à l'empereur, athée, sacrilège et magicien, coupable de christianiser et d'avoir renversé les statues des dieux, était condamné à servir de pâture aux bêtes de l'amphithéâtre.

Le prisonnier fut emmené et le préteur descendit de son tribunal, au milieu des sentiments divers de la foule, parmi laquelle de nombreux chrétiens, qui suivaient toujours les jugements, priaient, avec ferveur, pour les martyrs.

IV

UN PROBLÈME.

La vieille femme s'était trompée.

Ce n'était pas dans la prison Mamertine que Philothée avait été enfermé.

A peine le jugement du préteur rendu, les soldats l'avaient réuni aux autres chrétiens qui attendaient autour de Théophore l'instant suprême, dans les cachots sombres du cirque Flavien destinés aux condamnés.

Cœcilius avait appris ces choses au cimetière du Vatican où il avait été, le soir même, pour recueillir, de bouches sûres, les funèbres détails préliminaires de la passion prochaine des athlètes de Jésus-Christ.

Il avait trouvé le peuple chrétien en prières et en larmes autour du pontife et il était arrivé au moment où celui-ci demandait quelqu'un de l'assemblée sainte pour une périlleuse mission.

En temps ordinaire, en effet, moyennant quelque somme d'argent, il n'était pas impossible aux diacres et aux diaconesses de visiter les prisonniers et de leur porter les consolations de la foi, dans les prisons publiques où ils attendaient le martyre.

Ici, c'était différent, l'accès des cachots de l'amphithéâtre était sévèrement interdit à toute visite car, en ce lieu, les condamnés étaient considérés comme déjà entre les mains des bourreaux.

Les jeux, en effet, étaient commencés, déjà les premiers combats de gladiateurs avaient ensanglanté l'arène, deux jours encore et les bêtes, réservées pour la fin, allaient entrer en scène et dévorer leur proie.

Et les martyrs attendaient anxieusement et en vain, peut-être, que l'Eglise, leur mère, leur envoyât le pain de vie, avant la suprême bataille.

Tout faisait prévoir qu'à moins d'une intervention spéciale de la Providence, le viatique auguste ne pourrait pas leur être distribué. Car, qui donc serait assez téméraire pour espérer pouvoir forcer l'impitoyable consigne?

Cependant, comme les voies providentielles sont impénétrables et fécondes, le pontife, confiant dans le secours du Ciel avait consacré les espèces saintes; le pain était prêt sur l'autel et, le désignant avec respect, il demanda si quelqu'un dans l'assemblée pouvait espérer accomplir cette tâche périlleuse et humainement impossible.

Le silence le plus angoissé régnait. Tous voulaient, mais tous, aussi, reculaient devant l'impossible.

Brave et digne, alors, un jeune homme, fendant les rangs, s'avança vers le pontife et, s'agenouillant devant l'autel, étendit les mains, sans parler, pour recevoir le précieux dépôt.

Le pontife le considéra, un instant, avec une religieuse tendresse.

— Quoi! mon frère, lui dit-il, avez-vous tant de confiance en vous-même que vous pensiez pouvoir atteindre ce but et remettre à ceux mêmes qui l'attendent avec angoisse, ce céleste trésor?

— Oui, saint père! dit Cœcilius. On peut entrer dans les

cachots de l'amphithéâtre sur un ordre exprès du préteur.
A quoi cela me servirait-il d'être le fils du préteur Metellus
si je ne faisais pas servir cette prérogative à la gloire de
Jésus-Christ et à la consolation des martyrs? Je vous supplie
donc de me confier ce divin dépôt, et je promets solennellement de ne m'en dessaisir qu'en le remettant aux martyrs
ou en perdant, moi-même, la vie.

— Que la grâce et la force de Jésus-Christ t'accom-
pagnent, mon fils, dit le pontife avec une sainte joie. Reçois
ce dépôt sacré et souviens-toi que tu es, comme Ignace, un
théophore, toi qui portes le mystère le plus pur de la foi et
de l'amour.

En parlant ainsi, le pontife, au milieu de l'émotion générale et du silence le plus solennel, enveloppa le pain sacré
dans un linge immaculé qu'il couvrit encore d'un autre voile
et le déposa entre les mains de Cœcilius qui l'enferma dans
son sein respectueusement et partit après avoir reçu la
bénédiction du saint pasteur.

Cependant, il lui fallait l'appui de son père. Il se rendit
aussitôt à la villa Metella, s'enferma dans sa chambre et
déposa le précieux objet dans un riche coffre qu'il ferma
avec soin et devant lequel il se prosterna pour faire une
fervente prière.

Puis il se releva et courut au tablinum où il trouva le
préteur occupé à compulser des actes de sa charge.

— C'est toi, Cœcilius, dit-il lorsqu'il l'aperçut, j'avais à
te parler.

— Moi aussi, mon père, dit le jeune homme d'un ton décidé.

— Qu'as-tu à me dire?

— Le bruit public m'a appris une chose qui me pénètre
de douleur et dont j'attends la confirmation de votre bouche.
Philothée..., mon cher et dévoué précepteur....

— Parfaitement, dit Metellus d'un ton sec, Philothée est,
en ce moment, en sûreté, et demain les bêtes du Colosseum

lui apprendront qu'insulter les dieux de l'empire, briser leurs autels et mépriser César constitue un crime qui s'aggrave de christianiser malgré les ordres formels de l'empereur que j'ai charge de faire exécuter. Que m'a-t-on appris, mon fils, il paraît que, séduit par les impostures de cet homme, vous n'avez pas craint de l'écouter ; que, depuis longtemps, le soir, au lieu d'aller vous récréer honnêtement dans les lieux de plaisir ouverts à votre âge, vous alliez avec ce Philothée dans les lieux infâmes où ses pareils se réunissent pour conspirer contre l'empire et les dieux. Vous avez fait plus, car je suis instruit de tout par des espions dévoués, vous avez accompli les rites odieux qui vous lient à jamais à ces hommes que les lois de l'empire balaieront de la surface du sol comme des objets impurs !

« Malheureux enfant ! dans quel gouffre êtes-vous tombé, et est-ce ainsi que vous reconnaissez mon dévouement et mon amour ?

» Dis-moi que je me trompe et que l'on m'a induit en erreur en te calomniant, Cœcilius, continua le préteur d'un ton moins sévère, ne me livre pas à ce cauchemar de penser qu'un jour, peut-être, comparaîtra devant mon tribunal un accusé qui me sera cher et qu'il me faudra condamner sous peine d'être, moi-même, accusé de trahison contre l'empire et de lèse-majesté envers César.

» Je n'attends qu'un désaveu de ta bouche pour te rendre toute mon estime et retrouver mon bonheur. «

— Le premier de nos devoirs est de ne jamais renier notre foi, dit Cœcilius, dût-il nous en coûter la vie. Vous l'avez dit, mon père, je suis chrétien et je m'en glorifie ! Le jour où j'ai accompli ce rite dont vous parlez sans le connaître, a été le plus beau de ma vie et jamais je ne l'oublierai ni ne désavouerai mon titre glorieux d'initié aux plus sublimes mystères qu'il ait jamais été donné à l'homme de contempler.

— Malheureux enfant ! malheureux père ! s'écria Metellus

avec désespoir; ma douleur tue ma colère! Ah! je ne suis
pas digne de Brutus!... Un préteur ne devrait pas avoir de
sensibilité! Mais ces mystères dont tu parles, nous les connaissons, ils sont abominables, honteux pour la dignité
humaine, dégradants pour tout homme qui se fait un titre
de sa raison!

— Vous parlez contre la vérité et votre propre expérience, mon père, dit Cœcilius, car, d'une part, ces mystères
sont, au contraire, sublimes et, d'autre part, vous savez bien
que vous ne les connaissez pas, car, pour les connaître, il
faut être chrétien et jamais un chrétien n'en a livré le secret.

— Ce secret est donc bien réel?

— Oui, puisque nous mourons avec joie plutôt que de
le trahir.

— Cependant, s'il est réel et honorable, quel intérêt y
a-t-il à le tenir caché avec tant de soin? Les chrétiens
devraient, au contraire, le publier partout, justice leur serait
rendue lorsqu'on connaîtrait l'honnêteté de leurs intentions.

— Permettez-moi, mon père, dit Cœcilius, sans faire tort
au respect que je vous dois et que j'ai pour vous, de vous
faire remarquer que l'on n'a jamais pu convaincre un chrétien d'aucun crime réel. Tous ceux qui les condamnent le
savent bien; ils meurent victimes d'une haine déguisée sous
le masque d'une raison d'Etat et on les hait parce qu'on ne
comprend pas la sublime grandeur de leur foi. Leur exemple
héroïque ne devrait-il pas suffire à ouvrir les yeux aux
aveugles? Et, cependant, les aveugles continuent à ne
pas voir!

— Comment se fait-il, alors, dit le préteur surpris, que
ce qui est évident pour les uns puisse ne pas l'être pour
les autres?

— C'est là précisément le mystère, dit Cœcilius, et personne ne peut le comprendre avant de s'y être longuement
préparé et d'avoir été initié à ses voies. Cela, au moins, peut

se comprendre. Que diriez-vous d'un homme qui ne serait pas même un soldat et, profondément ignorant des choses militaires, voudrait être nommé immédiatement général? En toutes choses, il faut un commencement, c'est-à-dire une initiation qui mette dans la voie celui qui veut arriver au but. Lorsqu'enfin il est engagé dans la voie et a reconnu qu'elle est bonne, chaque pas qu'il fait en avant éclaire davantage sa route, et, enfin, lorsqu'il est arrivé au but, il peut se reposer, car il a acquis la totale connaissance de l'œuvre qu'il devait accomplir.

« Que ne puis-je espérer vous voir, un jour, convaincu de cette grande vérité et animé d'un peu de ce grand désir de la vérité qui inspira toujours l'âme des philosophes et des sages! Alors, quoi qu'il arrive, souvenez-vous, mon père, que les chrétiens possèdent le secret du bonheur et le donnent à tous ceux qui ont l'âme droite et sincère.

» Et, maintenant, me permettez-vous de vous demander une faveur que vous seul pouvez m'accorder? »

— Parle.

— Procurez-moi la facilité de voir Philothée.

— A l'amphithéâtre! s'écria Metellus, stupéfait, impossible!... Tu le verras si tu assistes aux jeux.

— Cela ne me suffit pas, il faut que je lui parle et que je lui adresse les consolations qu'un disciple fidèle doit à son maître malheureux.

— Je ne puis accéder à ton désir!... D'ailleurs Philothée, en ce moment, a autre chose à faire; certainement, qu'à tenir des conversations philosophiques avec son élève.

— Vous me refusez cette faveur et votre immunité qui m'ouvrirait les portes, mon père?

— Oui, décidément, Cœcilius, ta demande est insensée. Je n'y accéderai certainement pas.

Sans mot dire, le jeune homme salua son père et sortit dignement du tablinum du préteur.

V

L'EXTASE.

— Seigneur, murmurait Cœcilius devant le coffre précieux où reposait le céleste dépôt qui lui avait été confié, inspirez-moi afin que je remplisse la sainte mission que je me suis engagé à remplir: Je suis faible, mais fidèle, je suis prêt à tout et, s'il me faut de l'héroïsme, votre Providence m'ombragera de ses ailes et me revêtira de votre force!...

La nuit était venue, la dernière, avant le grand jour du combat dans lequel les martyrs allaient cueillir la palme triomphale. Demain, à pareille heure, les jeux seraient clos et tout serait consommé!...

Une seule lampe, suspendue par ses chaînes au chandelier de bronze, éclairait faiblement la chambre; au milieu, un brasero d'airain dans lequel brûlaient des charbons odorants, tiédissait l'air de cette nuit hivernale. Cœcilius jeta de l'encens sur le brasero et continua sa prière.

La fumée monta, bleuâtre et, bientôt, remplit la chambre des pénétrants et mystiques parfums de l'Arabie.

Il ne s'aperçut pas que la lampe charbonnait; un autre spectacle le tenait immobile et pénétré d'une joie délicieuse.

Assis près du coffre et tenant une main sur le couvercle,

Philothée l'air grave mais le front empreint d'une sérénité sainte, le regardait avec amour.

Cœcilius retenait son souffle et n'osait parler de crainte de voir s'évanouir la douce vision. Cependant, son intelligence, nette et précise, lui indiquait avec exactitude que ce qu'il voyait, il le voyait réellement, qu'il ne dormait pas et n'était, en aucune façon, le jouet d'un songe.

N'osant parler, il pensa ; et son étonnement fut au comble en voyant Philothée comprendre sa pensée et y répondre avec une voix silencieuse qui n'ébranlait pas l'air comme la voix ordinaire humaine, mais qui résonnait avec clarté dans l'entendement seul de Cœcilius.

— Rassure-toi, mon fils bien-aimé ! disait Philothée, tu accompliras la solennelle mission dont tu t'es chargé ; ne cherche pas comment ; va tout droit ; toute intelligence et toute force descendra sur toi des altitudes où plane l'essor de ton ardent amour.

« Mon bien-aimé fils, le grand jour va luire et sache que nous sommes joyeux parce que notre pied est près de se poser sur le dernier échelon au delà duquel l'esprit qui s'est immolé pour le Divin, tout entier, a, désormais, gagné ses ailes.

» Les aigles du Seigneur qui s'enfuient de la terre, vont acquérir des yeux capables de fixer éternellement l'éternelle splendeur du Soleil de la Justice ; ils se rassembleront autour du corps déifié du Fils de l'Homme, pour reposer leur essor dans son giron glorieux.

» Souviens-toi de tout ce que je t'ai dit quand je t'ai initié à la voie divine dont nos vénérables mystères sont les jalons terrestres ; souviens-toi que, par la vertu de l'eau purificatrice du Baptême, tu es né à la lumière et que le Saint-Esprit a versé en toi les splendeurs de sa force irrésistible ; souviens-toi que, de ce jour, tu es sorti du tombeau de la matière comme un ressuscité et des entrailles de ce monde comme

A mort ! le chrétien ! aux bêtes ! lâchez les lions ! (P. 168.)

un nouveau né. Tu as goûté le lait et le vin doux[1] symboles de l'alimentation plus parfaite de l'âme née à un nouvel ordre de choses.

» Tu as compris que tu étais un autre homme, puisque tu t'es spontanément offert à consoler tes frères dans la charité de Jésus-Christ. »

— Hélas! dit Cœcilius, tu devais parfaire mon initiation, Philothée, et je te perds, ô mon maître, ô mon père!...

— Tu gagnes un confirmateur infiniment parfait, répondit le prêtre, car, désormais, toute confirmation et toute perfection est en toi, avec le royaume de Dieu auquel tu es né.

— Où donc est ce royaume, ô Philothée?

— Jésus nous l'a dit, murmura Philothée, le royaume de Dieu n'est nulle part, ce qui veut dire que le royaume de Dieu est partout comme Dieu lui-même, et que quiconque sait le faire naître en soi, par la vertu du Saint-Esprit et la grâce de Jésus-Christ, s'y réintègre pour toujours.

« Initié aux augustes mystères, toi sur qui, par la vertu puissante des signes sensibles et saints, est tombée la foudre de l'amour divin, réjouis-toi! tu possèdes la clef des portes éternelles! Initié par la charité de tes frères, purifié par l'incomparable puissance des divins symboles de notre incorruptible foi, illuminé par cette purification même qui a rendu ton cœur limpide au Divin comme l'air lui-même qui absorbe les bienfaits du soleil et les transforme en merveilles de vie, réjouis-toi, sois heureux; la gloire du Très-Haut est descendue des altitudes et la paix divine a fécondé les racines de ta bonne volonté.

» Confiance, mon fils, car tu SAIS par la clarté de la grâce; confiance encore, car tu PEUX par la force du Saint-

---

(1) Souvent après le baptême, on donnait à goûter aux nouveaux fidèles du lait et du vin doux, symboles de la nourriture nouvelle qui devait désormais sustenter leur vie nouvelle.

Esprit; confiance toujours, car, si la volonté de Dieu est la
tienne, je te le déclare, ta volonté peut franchir les fron-
tières des mondes, et, d'un élan prodigieux, s'élever sur l'aile
bruissante des troupes séraphiques, hors de la mutabilité des
sphères, pour gagner le cœur ardent de Jésus-Christ et se
reposer dans l'immuable.

» Car c'est une loi sacrée établie par la puissance suprême
que les choses inférieures soient attirées par la lumière
divine et aspirées par les choses supérieures.

» C'est ainsi, ô mon fils, qu'en ce monde obscur et sensible, une loi analogue préside à l'affinité des substances et
provoque leur intime union. Ainsi en est-il dans l'Éternel.

» Ouvre les portes de ton cœur, noble triomphateur des
illusions de la terre et des rêves sensibles, ouvre-les toutes
grandes! Achève de t'alléger de la pensée même de la terre et
tu sentiras tes ailes et tu percevras les effluves ardentes du
soleil de Dieu et tu te sentiras enlevé de ce sol malheureux,
comme un parfum léger que la brise emporte avec amour.

» Haut ton cœur! Haut ta pensée! Haut ta foi! Haut ton
amour! Haut ton désir!

» Au Père dans la charité du Fils par le souffle ardent
du Saint-Esprit!

» Théophore, toi qui portes en tes mains purifiées le
signe sensible du plus auguste mystère, pour permettre à tes
frères de consommer leur indissoluble union dans l'éternelle
synaxe de Dieu, sois Théophore encore, sois-le complètement
et sans retour par le seul moyen de l'être : la soif inextin-
guible du Père dans l'amour du Saint-Esprit par l'immolation
du Fils et la rédemption du Christ.

» Toi qui as des oreilles, tu peux entendre, ouvre les yeux
et ne les ferme plus.... »

— Philothée! s'écria le jeune chrétien..., tu as donc tenu
ta promesse et tu as complété tes enseignements.... Parle-
moi encore....

— Hors du nécessaire tout est inutile ! dit la bouche du prêtre qui pâlit en même temps que tous ses contours devenaient indécis et vaporeux aux yeux baignés de larmes du jeune fidèle....

Cœcilius, attentif encore, entendit un murmure harmonieux et vague qui disait sur un ton de lente psalmodie :

« Notre Père qui êtes aux cieux.... Que votre nom soit sanctifié.... Que votre règne arrive.... Que votre volonté soit faite, universelle.... Pardonnez-nous comme nous pardonnons.... Donnez-nous notre pain éternel.... Préservez-nous et délivrez-nous !...

. . . .

La vision avait disparu, mais, vivant témoignage de la bonté divine, sur le coffre de Cœcilius, une croix, nettement tracée, marquait la place où s'était posée la main consacrée du prêtre et du martyr.

VI

LE VIATIQUE.

La multitude avait, en ce dernier jour des jeux, bondé le monstrueux Colosseum, de son affluence bruyante.

L'empereur, lui-même, devait y assister et tous les yeux étaient fixés sur le pulvinar impérial richement décoré de courtines, où l'or et la pourpre étalés faisaient à l'horizon du cirque une tache colossale de sang et de lumière.

Les femmes remplissaient les hauts gradins, en brillantes toilettes, et leur murmure planait comme un souffle de brises folles dans les arbres d'une forêt épaisse.

Les sièges les plus proches de l'arène étaient occupés par tous ceux qui avaient droit par leur richesse, leur naissance ou leurs charges dans l'Etat, à une place choisie; on y voyait les magistrats, les sénateurs et les chevaliers.

Le reste était occupé par le peuple en habits de fête.

Cent mille spectateurs venus de tous les confins de l'empire, se pressaient dans ce géant des cirques qui avait déjà vu se dérouler dans son enceinte les fêtes les plus colossales du monde et de l'histoire, notamment quand Titus qui l'avait fait construire par des milliers de Juifs esclaves, y avait donné, pour célébrer l'asservissement de la Judée et

la prise de Jérusalem, des jeux qui avaient duré cent jours
et pendant lesquels dix mille prisonniers avaient péri en
combattant cinq mille bêtes féroces.

Des fanfares éclatantes annoncèrent l'arrivée de l'empereur et son entrée au pulvinar accompagné de toute sa cour
en brillants costumes de parade.

Trajan fit un signe de bienvenue au peuple et s'assit sur
le trône de la loge impériale.

Au même moment, des nuages de fleurs effeuillées se
répandirent dans l'air en tourbillonnant comme des plumes
en même temps que des orifices invisibles lançaient des
ondées vaporeuses de pénétrantes senteurs.

Quoiqu'on fut en hiver,[1] l'air était tiède et le soleil, en
rayons, se jouait par les interstices des colonnades sur le
sable de l'arène, étoilant de tons d'or le gravier safrané.

Comme prélude au spectacle des bêtes, des gladiateurs
firent leur entrée dans l'arène, accueillis un peu froidement
par les spectateurs qui, pendant les jours précédents,
s'étaient amplement repus de leurs jeux sanglants.

Pendant ce temps-là, les martyrs attendaient, massés
dans l'obscure et froide cellule où les condamnés de l'arène
attendaient l'heure fatale de la lutte suprême et terrible.

Une lampe fumeuse, accrochée à la voûte, ne jetait point,
pour des yeux inaccoutumés à l'ombre, une lueur suffisante
pour distinguer leurs traits. Mais leurs yeux, habitués aux
ténèbres, se voyaient et se reconnaissaient, et la lumière de
la foi les pénétrait tous dans l'unité de son divin éclat.

Ils étaient pâles de cette pâleur livide qui est le partage
des longues agonies; mais, ce n'était ni la souffrance, ni la
peur qui décolorait leur front et leurs joues. Leur tête était
haute et fière et leurs membres ne tremblaient pas. Le cada-

---

(1) Il semble d'après la Chronique d'Eusèbe, que le martyre d'Ignace dut avoir
lieu à Rome le 13 des calendes de janvier correspondant au 20 décembre.

vre, seul, était pâle, chez eux, parce que, déjà, l'esprit qui l'animait était concentré dans le sanctuaire de son recueillement et, prêt à laisser la terre, s'attendait à naître au Ciel.

Ignace était au milieu d'eux; ils l'entouraient avec respect et priaient avec lui, insensibles aux échos lointains des clameurs de la multitude qui, parfois, leur arrivaient en bouffées de tempête.

Cependant, une douleur planait sur eux. Ils n'avaient pu, exceptionnellement séquestrés de toute tentative de charité de la part de leurs frères, recevoir le suprême viatique qu'aux temps les plus noirs de la persécution, l'Eglise, leur mère, trouvait toujours le moyen de leur faire parvenir.

Ignace avait vaillamment soutenu leur constance.

— Mes frères bien-aimés, leur répétait-il souvent, soyez en paix; les principes de notre théologie sainte nous enseignent que la privation des symboles augustes de la grâce n'est pas un empêchement à la pénétration en nous des effets de la bonté divine, quand notre ardent désir se porte vers le Ciel, et l'expérience nous a appris que, pour consoler ses enfants, Dieu, souvent, a permis que ses anges suppléassent aux fonctions des hommes.

« N'est-ce pas un ange qui a apporté du Ciel un charbon ardent pour purifier les lèvres du prophète Isaïe? Michael n'a-t-il pas manifesté la volonté de Dieu à Moïse? Et n'est-ce pas Gabriel qui a apporté à Marie la synaxe adorable du Saint-Esprit?

» Mes frères, quand Jésus, notre amour et notre maître, eut faim au désert, aux jours de la tentation, ne fut-il pas servi par les anges mêmes de Dieu dans l'absolue solitude de la montagne aride?

» Dieu peut tout et, s'il veut nous accorder la consolation sans prix de la communion aux espèces sensibles de son auguste synaxe, en vérité, je vous le dis, le Pain vivant et tangible peut descendre du ciel sur nos lèvres, comme la

manne au désert, apporté par des anges, au milieu même de
ce cachot, au centre même de cette arène où nous serons
conduits, tout à l'heure, pour manifester au monde la gloire
invincible de son amour. »

— Notre père Ignace dit vrai, répondit Philothée qui, la
nuit précédente, pendant qu'il était en prières, avait paru,
soudain, à ses frères, comme abîmé, pendant une heure,
dans une insensibilité profonde; en vérité, le Seigneur peut
envoyer un ange! Prions, afin qu'il daigne nous servir le
pain du miracle; mais, prions surtout, afin que sa volonté
sainte soit exclusivement accomplie!

Et tous, en chœur, récitèrent avec une foi ardente, la
prière Dominicale, devant le regard indifférent des gardiens insensibles à ce spectacle touchant et, pour eux,
inintelligible.

Une fanfare éclatante annonça que le jeu des gladiateurs
était terminé et que les ordonnateurs répandaient du sable
frais pour l'entrée des bêtes et des martyrs. Une rangée
de piques scintilla comme un éclair le long du corridor
lumineux.

— En route! dit l'officier, le peuple vous attend.

Les confesseurs de la foi se levèrent et, d'un pas délibéré,
sortirent du cachot obscur.

Un instant après, ils faisaient leur entrée dans l'arène,
un peu éblouis par l'éclat subit du jour sur leurs pupilles
pleines encore des ombres de la prison.

Deux cent mille yeux étaient fixés sur eux.

D'innombrables fidèles, priant avec ferveur en union avec
les martyrs, se pressaient dans les rangs du peuple.

Une seule angoisse les oppressait.

Les confesseurs de la foi avaient-ils reçu le pain vivant,
et Cœcilius avait-il accompli sa promesse?

Le jeune homme, aussi, était à l'amphithéâtre et plusieurs l'avaient reconnu, occupant une place toute proche

d'une allée qui conduisait à l'arène et par laquelle circulaient incessamment les ordonnateurs des jeux.

Pendant tout le cours du spectacle, il était resté immobile, les yeux sans regard pour ce qui se passait dans le cirque et les bras obstinément croisés sous les plis serrés de son pallium gardé sur ses épaules.

Cependant, les martyrs s'étaient groupés autour d'Ignace et, prosternés, les yeux levés au ciel, adressaient à Dieu une suprême prière pendant que les laniatores apprêtaient leurs fouets pour exciter les fauves.

Tout à coup, par l'allée du service, un spectateur, franchissant la balustrade, aux yeux intrigués du peuple, s'avança, solennel et grave, vers le groupe des martyrs.

Les chrétiens haletaient. Ils avaient deviné!

Le jeune homme s'agenouilla devant Ignace et, ouvrant son pallium, lui présenta sur ses mains étendues l'oblation divine.

— Gloire à Dieu! dit Ignace; mes frères, voici l'ange du Seigneur et le pain vivant du Ciel.

Aussitôt, les voiles furent ouverts au centre du groupe prosterné de manière à cacher aux yeux profanes les augustes mystères, et chacun des martyrs prit sa part du banquet céleste.

Les chrétiens, seuls, avaient compris et bénissaient Dieu, tandis que la foule qui n'avait que deviné, criait :

— A mort! le chrétien! aux bêtes! lâchez les lions!

Cœcilius tomba dans les bras de Philothée et l'embrassa étroitement tandis qu'Ignace bénissait.

Les lions rugissants étaient entrés dans l'arène et flairaient leur proie...

VII

DÉPOSITION.

Le vœu ardent de Théophore n'avait été qu'à demi exaucé et il restait de lui de précieuses reliques.

Le soir même, les restes des martyrs portés au cimetière du Vatican attendaient, rangés en bon ordre, sur des tapis, la déposition dans les loculi de la paix.

Avec soin, on avait veillé à la distinction des corps.

Pour quelques-uns, cette tâche n'avait pu être réalisée, car les débris de leurs corps étaient méconnaissables, les traits essentiels ayant été atteints par la férocité des fauves.

Il en était ainsi d'Ignace. Selon son désir, les bêtes s'étaient attaquées à lui avec une fureur inouïe et l'avaient dévoré au point de ne laisser de son corps que les plus gros ossements qu'il avait fallu une attention jalouse pour reconnaître. Quant aux autres, beaucoup d'entre eux étaient reconnaissables.

Les bêtes, en effet, lorsqu'elles dévorent une proie vivante, s'attaquent d'abord aux entrailles et aux parties du corps qui offrent le plus facile aliment à leur voracité. Une fois repues, elles tuent et respectent les cadavres de leurs victimes.

Les ossements d'Ignace, mis à part par deux diacres de l'Eglise d'Antioche, devaient y être transportés en secret.

La mort des martyrs qui apportait tant de deuil à l'Eglise lui apportait aussi de grands sujets d'allégresse. Aussi, la célébration de leurs funérailles était un chant de triomphe exaltant la sainteté du Seigneur et célébrant la glorieuse constitution des phalanges éternelles de l'Eglise triomphante dans la glorieuse apothéose du Verbe rédempteur.

Les saints, en effet, s'endorment dans la joie. Nulle tristesse ne trouble le trépas du juste. De leur côté, les proches parents du défunt, non les parents selon la chair mais ceux qui lui appartiennent par une divine parenté et la similitude de la foi, le proclament bienheureux d'avoir atteint victorieusement le but désiré ; ils adressent des cantiques d'actions de grâces à l'auteur de son triomphe et demandent d'obtenir pour eux-mêmes un semblable partage.

Alors, ils le présentent à l'hiérarque[1] comme au distributeur des saintes couronnes. L'hiérarque le reçoit avec empressement et accomplit les rites sacrés que la loi fixe pour ceux qui s'endorment dans la sainteté.[2]

Autour du pontife, l'assemblée sainte était réunie et les corps des martyrs rassemblés devant l'autel, attendaient la bénédiction suprême.

— Rendons grâces au Seigneur notre Dieu ! dit l'évêque en levant les mains au ciel.

— C'est juste et digne ! répondit le peuple fidèle.

— Haut les cœurs ! dit le pontife.

— Nous nous élevons au Seigneur !

— Le Seigneur a dit à mon Seigneur : « Asseyez-vous à ma droite jusqu'à ce que j'ai réduit vos ennemis à vous servir de marchepied.

» Nous confesserons votre nom, Seigneur, dans notre

---

(1) Au pontife. — (2) S. Denys l'Aréopagite, *Hiérarchie ecclésiastique*, VII.

cœur entier, dans l'assemblée des justes et l'Eglise des saints.

» Votre justice est éternelle et vous donnez la vie à ceux qui vous aiment; vos œuvres sont la justice et la vérité.

» Votre rédemption est descendue sur votre peuple et la gloire de vos saints est attestée par votre parole éternelle....

» La lumière de la justice a jailli des ténèbres et les pécheurs la verront et seront confondus!...

» Enfants de Dieu, louez le Seigneur et que son nom soit béni dans la perpétuité des siècles!

» Le Seigneur est le seul Très-Haut et sa miséricorde s'abaisse lorsqu'elle nous regarde avec amour.

» Que toutes les nations et tous les peuples louent le Seigneur, sa miséricorde et sa vérité sont confirmées en nous pour l'éternité!...[1]

» Les tourments des martyrs sont le gage certain de leur sanctification et Dieu les a couronnés de la gloire qu'ils ont méritée.

» Martyrs du Seigneur, bénissez l'Eternel!... Chœur des martyrs, chantez sa gloire aux cieux!...

» Les âmes des justes sont dans la main de Dieu et les affres de la mort ne les touchent pas. Ils vivent en paix. »

Alors, les diacres lurent les passages des Ecritures relatifs à la résurrection glorieuse et chantèrent avec le peuple des hymnes qui en célébrèrent la joie et le bonheur.

Puis, l'un d'eux s'avança vers le peuple et prononça la phrase traditionnelle :

— *Recedant catechumeni et non initiati. Exite!*

Et tous ceux qui n'avaient pas droit de rester s'en allèrent tristement pendant que le diacre ajoutait :

— Contrôlez votre dignité réciproque, c'est-à-dire, prenez garde qu'aucun ne se glisse ou reste parmi vous qui n'y ait pas droit.

-----

(1) Psaumes 109, 110 111, 112, 116.

Alors, un autre diacre lut les dyptiques et nomma les principaux saints qui, déjà, avaient souffert pour la foi, noms auxquels il ajouta ceux des derniers martyrs.

Quand cette lecture fut accomplie, le pontife s'avança et prononça de nouveau sur les corps étendus à ses pieds, de sublimes prières.

Puis, se tournant vers les assistants, il les salua en leur disant :

— Le Seigneur soit avec vous, mes frères!

— Et avec ton esprit, répondit le peuple fidèle.

Se retournant ensuite vers les martyrs, le pontife, après avoir pris les huiles saintes aux mains des diacres, en répandit sur les corps, tandis que les cassolettes exhalaient les parfums suaves et angéliques de l'encens.

Et parmi les prières et les lentes psalmodies, la liturgie eucharistique commença après laquelle, solennellement et en bon ordre, les corps sanctifiés furent processionnellement transportés et déposés dans les loculi qui leur avaient été destinés et sur lesquels on lirait leurs noms accompagnés de la palme et de la fiole sanglante, attributs des martyrs de Jésus-Christ.[1]

La nuit même, les deux diacres chargés des précieuses reliques de Théophore, quittaient l'Eglise de Rome et partaient pour l'Orient.

---

(1) Cet aperçu liturgique est inspiré par les considérations de saint Denys l'Aréopagite : *Traité de la Hiérarchie ecclésiastique*, ch. VII.

ÉPILOGUE.

Comme s'il eut été frappé de la foudre, le préteur Metellus qui assistait aux jeux, à la vue de l'acte inouï accompli par son fils, était tombé à la renverse et comme mort à sa place.

Personne ne connaissant ses liens de parenté, dans cette immense foule, avec le jeune héros; tous ceux qui avaient pu le voir s'affaisser, avaient cru à un accident apoplectique et ses voisins immédiats demandaient à grands cris un médecin.

Loin de troubler les jeux, cet accident, perdu dans une telle masse de personnes, était passé inaperçu tant l'intérêt était fixé sur l'arène.

Un homme, cependant, l'avait remarqué et, descendant en hâte de sa place, s'était approché du préteur inanimé.

— Je suis médecin, dit-il, et je me charge du malade; qu'on le fasse immédiatement transporter chez lui.

Bientôt, deux préposés aux places de l'amphithéâtre parurent et emportèrent Cestius Metellus qui ne donnait plus signe de vie.

— Est-il mort? par Esculape! demandèrent les voisins.

— Peut-être! dit le médecin inconnu, les yeux fixés vers un point invisible.

Une litière fut avancée, et, quelques instants après,

Cestius Metellus était étendu sur son lit, toujours sans mouvement et dans un coma profond.

— Vit-il? demanda Aper, qui s'était glissé dans la chambre.

Pour toute réponse, le médecin inconnu le regarda avec des yeux pleins de sévérité, et, comme Aper renouvelait sa question.

— Que t'importe! lui dit-il, es-tu capable de faire la différence entre la vie et la mort?

Et, d'une voix pleine d'une énigmatique autorité, il dit sèchement :

— Silence aux esclaves!

Et aux assistants :

— Laissez le médecin seul, son art est un mystère, mais soyez à mes ordres.

Quand tous se furent retirés, le médecin leva les yeux au ciel, fit le signe de la croix et dit :

— Toi seul sais s'il vit, s'il est mort, s'il vivra! Toi seul es le médecin, le remède et la vie! Toi seul ouvres et fermes les portes dont les clefs sont un mystère!

« Toi seul élis, Toi seul frappes, Toi seul préviens, Toi seul organises, Toi seul détruis, Toi seul ressuscites, Toi seul vivifies!

» Seigneur! Toi qui as promis le miracle à la foi en ton Nom; le transport des montagnes par ceux qui croient en Toi; Toi qui gouvernes les forces de la vie, dilates ou restreins la lumière dans l'entendement et dans les yeux; Toi qui divises pour unir, mais qui frappes aussi pour vivifier, fais ce que Toi seul peut faire et qu'au nom de Ta sainte Volonté, ce qui peut être sauvé ne périsse pas, par Tes mérites et ceux de tes martyrs! »

Et, se penchant sur la face violacée du préteur sans souffle :

— Si tes yeux doivent s'ouvrir, dit-il, au nom du Père, du Fils et du Saint-Esprit : Epheta ![1]

A l'instant, le préteur ouvrit les yeux, respira bruyamment et, se levant sur son séant :

— J'étais mort, dit-il, quelle est donc la puissance qui m'a rappelé à la vie? Depuis quand les esculapes font-ils des merveilles? Illustre médecin, quel est ton nom et combien de sesterces dois-je te compter pour tes services?

— Sois chrétien, dit gravement le médecin, c'est le dernier vœu de ton héroïque enfant. Tu sauras, alors, qui t'aura ressuscité d'une double mort, celle du corps et celle de l'âme. Si tu veux me trouver, tu sauras que je me nomme Dyonisius et que je demeure au coin de la via Lata. Vale!

Et, sans attendre de réponse, le médecin sortit de la chambre du préteur; bientôt, il franchissait l'atrium de la villa Metella et tournait ses pas vers le Forum romanum.

.   .   .   .

Quelques temps après, le vent du Ciel balayait la fortune de Trajan; une à une ses conquêtes s'en allaient au choc des révoltes et des séditions. Lui-même, frappé par la maladie, après le siège d'Atrœ en Mésopotamie, se mit en route pour l'Italie et mourut en chemin à Selinonte, d'où ses cendres furent rapportées à Rome pour être placées sous la colonne qu'il avait érigée pour célébrer ses victoires en Dacie.

Le pape Evariste était mort, bientôt remplacé par son successeur Alexandre et le règne d'Hadrien allait lever une nouvelle aurore sanglante sur l'Eglise.

(1) *Ouvre-toi*. Parole évangélique du Christ guérissant un aveugle et employée par le médecin chrétien en conformité avec Jésus-Christ qui l'avait jadis prononcée.

TABLE DES MATIÈRES.